TARÔ MÁGICO DOS GATOS

Texto de CATHERINE DAVIDSON
Ilustrações de THIAGO CORRÊA

PENSAMENTO

Título do original: *Cats Rule The Earth Tarot*.

Copyright © 2022 Quarto Publishing plc, um selo do The Quarto Group.

Copyright da edição brasileira © 2024 Editora Pensamento-Cultrix Ltda.

1ª edição 2024.
1ª reimpressão 2024.

Todos os direitos reservados. Nenhuma parte deste livro pode ser reproduzida ou usada de qualquer forma ou por qualquer meio, eletrônico ou mecânico, inclusive fotocópias, gravações ou sistema de armazenamento em banco de dados, sem permissão por escrito, exceto nos casos de trechos curtos citados em resenhas críticas ou artigos de revista.

A Editora Pensamento não se responsabiliza por eventuais mudanças ocorridas nos endereços convencionais ou eletrônicos citados neste livro.

Editor: Adilson Silva Ramachandra
Gerente editorial: Roseli de S. Ferraz
Gerente de produção editorial: Indiara Faria Kayo
Tradução: Maíra Meyer
Preparação de originais: Verbenna Yin
Editoração eletrônica: Join Bureau
Revisão: Erika Alonso

Dados Internacionais de Catalogação na Publicação (CIP)
(Câmara Brasileira do Livro, SP, Brasil)

Davidson, Catherine
  Tarô mágico dos gatos / texto de Catherine Davidson; ilustrações de Thiago Corrêa; [tradução Maíra Meyer]. – 1. ed. – São Paulo: Editora Pensamento, 2023.

  Título original: Cats rule the earth-tarot
  ISBN 978-85-315-2324-3

  1. Gatos 2. Tarô I. Corrêa, Thiago. II. Título.

23-167984   CDD-133.32424

Índices para catálogo sistemático:
1. Tarô: Artes divinatórias 133.32424
Cibele Maria Dias – Bibliotecária – CRB-8/9427

Direitos de tradução para o Brasil adquiridos com exclusividade pela EDITORA PENSAMENTO-CULTRIX LTDA., que se reserva a propriedade literária desta tradução.
Rua Dr. Mário Vicente, 368 – 04270-000
São Paulo – SP – Fone: (11) 2066-9000
http://www.editorapensamento.com.br
E-mail: atendimento@editorapensamento.com.br
Foi feito o depósito legal.

SUMÁRIO

Gatos e Tarô: Uma Afinidade Duradoura   4

CONSULTANDO O TARÔ   7
   Conhecendo o Tarô   8
   Leituras   12
   Tiragens   16

OS ARCANOS MAIORES   23
   O Louco   25
   O Mago   25
   A Alta Sacerdotisa   27
   A Imperatriz   27
   O Imperador   29
   O Hierofante   29
   Os Enamorados   31
   O Carro   31
   A Força   33
   O Eremita   33
   A Roda da Fortuna   35
   A Justiça   35
   O Enforcado   37
   A Morte   37
   A Temperança   39
   O Diabo   39
   A Torre   41
   A Estrela   41
   A Lua   43
   O Sol   43
   O Julgamento   45
   O Mundo   45

OS ARCANOS MENORES   47
   O Naipe de Paus   48
   O Naipe de Ouros   56
   O Naipe de Espadas   64
   O Naipe de Copas   72

GATOS E TARÔ:
UMA AFINIDADE DURADOURA

Gatos são criaturas noturnas e, como tal, ouvem e veem coisas que não conseguimos ver e ouvir. O tarô nos chama a explorar o eu de uma nova maneira: usando as cartas para descobrir sentido e novas perspectivas que, no início, permanecem à nossa revelia. Essas qualidades paralelas tornam os gatos e o tarô companheiros perfeitos.

Os gatos têm uma afinidade particular com o tarô. Eles são associados à sensibilidade e à curiosidade, qualidades que o leitor vai extraindo à medida que explora o baralho e que são estimuladas pelo estudo e pelo uso regular das cartas. O gato também simboliza o princípio feminino, vinculado ao mistério, à criatividade e à paciência, todos eles parte da interação mágica que se dá em uma leitura de tarô.

Associações felinas históricas
Podemos começar a entender melhor as conexões espirituais que os humanos têm com gatos refletindo sobre suas associações históricas.

Em religiões antigas, gatos eram vinculados ao culto da Lua, geralmente representado por divindades femininas. No Antigo Egito, eles eram cultuados como associados de Bastet, deusa da Lua e da fertilidade. Os gregos associavam Bastet à Ártemis, a caçadora, e todos os gatos eram caçadores natos, sobretudo ao luar.

Os celtas também reverenciavam os gatos como sábias sentinelas do Outro Mundo oculto e guardiões das coisas secretas. Talvez por conta dessa associação com a morte e o desconhecido, gatos pretos passaram a ser considerados portadores de azar, o que alimentou a ideia de que felinos – especialmente os de cor preta – eram os familiares das bruxas. As conotações negativas da bruxaria provêm do mal-entendido, e as pessoas se esquecem de que o termo "bruxa" significa tão somente "a que sabe" ou "mulher sábia".

Gatos e adivinhação

Assim como o tarô, os próprios gatos eram usados em práticas divinatórias. Os antigos egípcios estudavam o comportamento felino para prever o futuro, e práticas similares de outras culturas não relacionadas, como as da China e do Japão, não são tão fantasiosas quanto aparentam à primeira vista. Há muitas histórias sobre gatos agindo de modo estranho em dias anteriores a mudanças drásticas no clima ou eventos naturais como terremotos. Hoje em dia, seria possível argumentar que os gatos são simplesmente mais cientes de que os seres humanos às oscilações da pressão atmosférica ou de microtremores do solo. Não obstante, povos antigos considerariam tais poderes uma pequena amostra de magia – e errados eles não estão, já que a magia pode ser vista como em sintonia com o conhecimento interno.

Este baralho

Este lindo baralho de tarô foi elaborado por Thiago Corrêa, e celebra o apelo fascinante do gato em suas várias formas. As cartas são recriações dos desenhos do baralho de Waite-Smith, provavelmente o tarô mais conhecido do mundo. No baralho tradicional aparece um único felino, aos pés da Rainha de Paus. A rainha é uma presença acolhedora e positiva, mas o gato é uma pista de que ela está em contato com sua sombra e sem medo de usar seu poder, se for necessário.

A relação que temos com gatos como companheiros mascotes, bem como o sem-número de maneiras com que eles se expressam (lindamente concretizadas neste baralho) conferem a estas cartas uma harmonia mística. Esperamos que este baralho temático felino ajude você a explorar a magia do tarô.

CONSULTANDO O TARÔ

Em momentos de incerteza, buscamos direcionamento na vida. Leituras de tarô podem oferecer um portal de conexão com nossa sabedoria interior. A maneira como as cartas de tarô são compreendidas e lidas, conforme explicado neste capítulo, pode nos ajudar em nossa busca por autoconhecimento.

CONHECENDO O TARÔ

Para ler o tarô de maneira proveitosa e perspicaz, primeiro você precisa entender as cartas e seus significados.

Qualquer pessoa interessada em tarô dirá a você que ele é muito mais que um maço de cartas. O autor e magista cerimonial francês Éliphas Lévi escreveu que "o tarô é uma verdadeira máquina filosófica, que impede a mente de ficar divagando e permite, ao mesmo tempo, iniciativa e liberdade". O escritor norte-americano Eden Gray acreditava que o valor do tarô era fazer as pessoas refletirem sobre uma situação antes de decidir qual a melhor direção a tomar.

Cartas de tarô, com seus nomes misteriosos e imagens encantadoras, são uma ferramenta eficaz para o autoconhecimento. O tarô é como um espelho que reflete os medos, as esperanças e as metas de uma pessoa de maneira a facilitar o modo como se lida com eles. Pode-se dizer que o tarô expõe nossas paixões e nossas motivações complexas sob as lentes de um microscópio, permitindo-nos examinar o que seria invisível aos processos normais de pensamento da mente consciente.

Os Arcanos Maiores

O tarô compreende dois grupos distintos de cartas, conhecidos como Arcanos Maiores e Menores. Quando saem numa leitura, as cartas dos Arcanos Maiores têm precedência e apontam para temas universais, eventos importantes, lições de vida e pessoas-chave que contribuem para a pergunta feita na leitura.

Os Arcanos Maiores são compostos de 22 cartas. Elas são ordenadas numa sequência específica e numeradas de 0 (o Louco) a 21 (o Mundo). Essa ordem possibilita ler uma história com base nas cartas como se fossem páginas sucessivas de um livro. A narrativa fica aberta a interpretações, mas pode ser considerada uma jornada que começa com a inocência ingênua do Louco, passa por uma série de encontros e provações, depara com obstáculos e encontra auxiliadores de vários tipos pelo caminho até atingir um lugar de plenitude e autorrealização com a última carta, o Mundo.

Os Arcanos Menores

Os Arcanos Menores são o elenco de apoio na encenação universal definida pelos Arcanos Maiores. Eles consistem de 56 cartas divididas em quatro naipes. Cada naipe tem sua própria característica e se relaciona a um aspecto diferente da vida. O naipe de Paus representa nossa energia criativa, o instinto de seguir em frente e a necessidade de renovação e crescimento; o de Ouros se relaciona aos sentidos, às sensações físicas e à nossa busca por segurança e riqueza material; o de Espadas foca processos mentais, o intelecto, a justiça e a ética; e o de Copas lida com nossas emoções, o amor e os relacionamentos.

NÚMEROS E CARTAS DA CORTE

Cada naipe dos Arcanos Menores apresenta cartas numeradas e quatro cartas da corte. Estas últimas podem significar pessoas reais na vida do consulente ou apontar as qualidades inerentes na carta – aspectos do eu que o consulente precisa buscar dentro de si. Todas as cartas dos Arcanos Menores destacam um estado de espírito, uma necessidade, uma paixão ou um princípio, que você logo começará a reconhecer.

ÁS
A raiz da questão; potencial em sua forma mais pura

DOIS
Equilíbrio ou troca, uma escolha entre caminhos ou um encontro entre duas pessoas

TRÊS
Unidade de grupo ou uma terceira parte; desenvolvimento

QUATRO
Estabilidade e consolidação ou solidez

CINCO
Mudança, extensão, destruição e dificuldade

SEIS
Despedidas; movimentos para a frente e para cima

SETE
Propósito mais elevado, mudança, oposição e conflito

OITO
Derrota, limites e reconhecimento de limitações

NOVE
Realização e satisfação de desejos

DEZ
Ápice, manifestação completa da ideia gerada no ás

VALETE
Pessoa jovem; qualidades infantis como curiosidade e alegria

CAVALEIRO
Pessoa dinâmica que faz as coisas acontecerem; riscos e paixão

RAINHA
Força poderosa e acolhedora; maturidade emocional ou amor

REI
Pessoa autoritária, corajosa, bem-sucedida; assumindo o comando

Aprofunde seu conhecimento

Enquanto você aprende sobre as cartas e seus significados, é uma boa ideia passar um tempo com elas todos os dias, talvez 15 minutos, em um horário que seja bom para você. Teste estas técnicas que o ajudam a aprender mais sobre cada uma das cartas e as cartas em combinação.

Pratique a intuição Ao contemplar os Arcanos Maiores, escolha uma carta e olhe para ela antes de ler sua descrição neste livro. O que você acha que significa? Olhe para a imagem principal e para outros símbolos. O que eles dizem? Essa prática ajuda você a se acostumar com a "leitura" das cartas, além de trazer *insights* próprios à interpretação.

Aprenda os significados Conforme você explora os significados das cartas fornecidos neste livro, no início será preciso ler toda a descrição, no entanto, à medida que vai se acostumando mais com as cartas, você se lembrará do que elas significam. Se necessário, use como mensagens as palavras-chave disponibilizadas para cada carta.

Leitura diária Toda manhã, escolha a carta do dia. Olhe atentamente para ela, observando quaisquer sentimentos ou pensamentos que surgirem. Tendo considerado sua primeira reação à carta, descubra mais sobre ela usando este livro. Se você já estudou a carta, pode descobrir que se lembra de alguns ou de todos os significados.

Faça pares Uma maneira interessante de observar as cartas é pegar uma que você ache negativa de certo modo e, então, percorrer o baralho para encontrar uma carta que seria útil como contraponto. Essa situação pode surgir naturalmente numa leitura, em que você se depara com cartas que parecem se contradizer ou se contrapor, portanto, pratique considerando-as um par.

Olhe para os números Tente observar todas as cartas do baralho conectadas pelo mesmo número. Por exemplo, os setes dos naipes com o Carro e a Estrela (números 7 e 17 nos Arcanos Maiores). Pense nas qualidades que eles compartilham e nas diferenças. Esta é uma ferramenta útil para empregar durante uma leitura, observando como as cartas trabalham juntas como um grupo e seus significados individuais.

Significados invertidos

Dependendo de como você embaralha as cartas (ver p. 13), elas podem virar de cabeça para baixo quando o baralho é recolocado de volta e, portanto, aparecer invertidas quando você as vira para lê-las. Cartas assim demandam atenção extra durante a leitura, e significados invertidos são disponibilizados neste livro. Quando cartas aparecem invertidas, elas não devem ser viradas para o lado certo.

▼ *Para começar a adquirir compreensão sobre como as cartas de tarô devem ser lidas em uma tiragem (ver pp. 16-21), e praticar a leitura das cartas em combinação umas com as outras, considere os significados de um grupo de cartas que têm o mesmo número, nesse caso, o número 7.*

LEITURAS

Uma leitura de tarô pode revelar informações extremamente particulares e, às vezes, salientar afãs ou medos que o consulente (você mesmo ou alguém para quem você está fazendo a leitura) talvez não esteja pronto para aceitar. É importante abordar uma leitura com gentileza e aceitação, e permitir ao consulente que aceite ou recuse o que você diz.

O tarô não é capaz de dizer o que vai acontecer, apenas quais possibilidades estão se formando no momento presente, portanto, evite dar conselhos específicos ou definitivos, ou fazer previsões sólidas sobre o futuro. Lembre-se de que sempre é possível uma pessoa mudar um resultado em relação ao apontado pelas cartas, e pode ser útil lembrar o consulente disso se ele ficar preocupado ou decepcionado pelas cartas que escolheu.

CUIDADO
Não é aconselhável ler cartas para crianças ou para qualquer pessoa extremamente estressada, e, por motivos óbvios, é sobretudo importante tomar cuidado com cartas que podem sugerir doença ou morte.

Preparando-se para ler
A chave para uma leitura de sucesso é criar uma atmosfera tranquila, em que você pode se concentrar na pergunta feita e na história das cartas diante de si. Você precisa estar num espaço tranquilo e de mente aberta, para poder permanecer em contato com sua intuição e conseguir receber as mensagens que as cartas oferecem. Com isso em mente, desligue todos os aparelhos eletrônicos, como celulares. Talvez você queira luzes mais fracas, acender uma vela ou reservar um tempo breve para meditar ou simplesmente se sentar em silêncio.

Faça a pergunta
Comece definindo por que o consulente – você ou outra pessoa – quer uma leitura: qual é a pergunta que ele deseja explorar? É muito mais fácil interpretar as cartas se você conhece o tema-chave que está focando. Entretanto, se não houver perguntas, ou

se o consulente não quiser lhe dizer por que quer uma leitura, ainda assim é possível ler o tarô de maneira eficiente.

Embaralhe

Embaralhe as cartas – ou peça ao consulente que o faça – enquanto se concentra no foco da leitura e no que está perguntando às cartas. Embaralhe o tempo que achar necessário, usando algum dos métodos sugeridos aqui – você saberá instintivamente quando as cartas estiverem embaralhadas o suficiente. Se perceber que não está se concentrando, pare e respire com calma (talvez de olhos fechados) antes de embaralhar com atenção total.

Embaralhar com a mão erguida Segure o baralho numa das mãos e solte as cartas seção por seção até elas se misturarem.

Cortar no meio Corte o baralho ao meio e coloque uma metade em cima da outra, formando uma nova pilha. Repita o corte quantas vezes achar necessário.

Comece a ler

Após embaralhar, coloque as cartas na mesa, distribua-as e escolha – ou peça ao consulente que o faça – a quantidade de cartas necessárias para a tiragem que você escolheu (para saber mais sobre tiragens, ver pp. 16-21).

▲ *Às vezes, enquanto se embaralham as cartas, uma delas vai "pular" do baralho: isso pode acontecer com leitores experientes e inexperientes. Você pode recolocar a carta diretamente no baralho ou olhar para ela antes de voltar a embaralhar as cartas, dando especial consideração se ela reaparecer na tiragem.*

Leituras francas para si mesmo

Todos nós gostamos de ler as próprias cartas, mas sem dúvida você descobrirá que ler para si mesmo não é tão preciso quando outra pessoa o faz, isso porque você não tem perspectiva ao analisar a própria vida. O tarô pode lhe proporcionar um novo viés sobre uma situação ou as motivações ocultas por trás de suas ações, mas, quando você pratica adivinhação para si mesmo, é fácil demais deixar passar a mensagem ali, mesmo quando se é um leitor experiente. No entanto, há métodos que você pode usar para que sua leitura seja mais precisa.

Apenas uma leitura Se você não entende a mensagem (ou ela não é do seu gosto), é tentador fazer outra tiragem... e outra... e outra. Só que não. Em vez disso, anote as cartas e a data. Evite escarafunchar a mesma pergunta durante algumas semanas, mas olhe para as cartas, já que a mensagem pode ser mais fácil de interpretar com um pequeno intervalo.

Leia com calma Quando alguma coisa o chateou, você pode ficar tentado a recorrer imediatamente às cartas. Não faça isso. É difícil pensar direito quando se está emotivo, portanto, é improvável que você interprete corretamente o tarô. Dê a si mesmo tempo para se acalmar antes de tirar as cartas.

Pare de pegar cartas extras Se uma carta não dá a resposta esperada ou clara, é tentador tirar mais uma, duas, três ou quatro para compreender melhor. Porém, essa prática vai acabar causando mais confusão. Estabeleça como regra nunca pegar mais de uma carta extra para elucidação – e só faça isso quando achar realmente necessário.

Simplifique Se você deseja uma resposta a uma questão muito simples – como "Devo ir a essa festa?" –, escolha somente uma carta, ou, no máximo, três. Evite usar tiragens mais complexas quando estiver em busca de orientações diretas.

Aceite a mensagem Não tente manipular as mensagens das cartas para conseguir a resposta que você quer ouvir. Cartas de tarô têm múltiplas interpretações, e é tentador experimentar "amaciar" o significado quando você deseja uma resposta específica. Da mesma forma, se você se pegar fuçando a internet em busca de ideias diferentes sobre o que cartas específicas significam, esteja ciente de que pode estar tentando forçá-las a um resultado desejado. Comprometa-se a ler suas cartas com honestidade. Se não gostar do que elas revelam, anote-as com a data e volte a consultá-las após algumas semanas.

Lendo para outras pessoas

Ao ler o tarô para outra pessoa, use o que você conhece sobre as cartas e sua própria intuição para ter os *insights* de que precisa. Não se preocupe se der um branco ou se você não entender o simbolismo de uma carta. Diga ao consulente o que você sabe e talvez ele consiga lançar uma luz no resultado. Aqui estão algumas coisas em que pensar ao ler as cartas para outras pessoas:

Conte uma história O mais incrível no tarô é que ele contém personagens, cenas e situações – os principais ingredientes de uma história. Ao ler uma tiragem, pense que você é um contador de histórias capaz de entrelaçar as cartas em uma narrativa envolvente.

Seja gentil Mesmo as cartas negativas podem trazer consigo algum tipo de mensagem positiva – uma lição de aceitação, por exemplo. Dê a seu consulente algo útil com que ir embora.

Seja sensível Se as cartas tiradas sugerem algo negativo, seja cuidadoso. "Pode ser que..." é uma forma melhor de expressar isso do que uma afirmação definitiva.

Não force a barra Deixe o consulente reagir de modo que se sinta à vontade e dê informações voluntárias se quiser.

Cuidado com a parcialidade Esteja ciente de suas próprias motivações: se quer dizer a uma amiga que largue um namorado de quem você não gosta, por exemplo, verifique se não está manipulando o significado das cartas para que elas correspondam ao que você deseja.

Busque pistas Os melhores leitores de tarô captam mensagens inconscientes do consulente, como um ligeiro inclinar para a frente ou um meneio de cabeça enquanto você sugere um significado para uma carta. Esteja alerta a esses sinais sutis de que você está no caminho certo.

Dialogue Considere a leitura uma comunicação de três vias entre leitor, cartas e consulente. Todos têm sua parte a fazer.

Seja confiável Guarde segredo de tudo o que lhe disserem durante uma leitura.

TIRAGENS

Tiragem é uma forma de dispor as cartas de tarô de modo que cada posição contenha um significado importante. As tiragens detalhadas aqui fornecem uma boa variedade para a maioria dos leitores de tarô.

A ESCOLHA É SUA

Vale a pena praticar algumas tiragens para sentir qual método se adapta a você, e como uma forma de estudar as cartas e ver como os significados delas podem mudar de maneira sutil. A maioria dos leitores de tarô tem suas favoritas, e, quanto mais você usa uma tiragem, mais à vontade vai ficar com ela.

1

Tiragem de uma só carta

O método mais simples e direto ao ponto é tirar uma única carta. Pode ser uma carta-guia para o dia ou uma resposta "sim/não" a uma pergunta direta – como "Devo pedir um aumento?" ou "Devo ir a esse evento?".

Preste atenção ao que surge para você em termos emotivos ou intuitivos antes de verificar o significado da carta. Você pode tirar cartas extras para esclarecimento se as respostas não parecerem claras (mas veja a p. 14 e confira por que você não deve tirar muitas).

Tiragem de três cartas

Esta é uma ótima tiragem para usar quando se está diante de uma pergunta direta. Corte o baralho em três montes. Da esquerda para a direita, pegue a carta acima de cada monte e coloque-as em linha numa sequência. As posições das cartas podem variar em significado, dependendo do objetivo de sua tiragem. Sempre deixe claro o método que você está usando antes de começar a embaralhar e atenha-se à sua escolha.

1   2   3

Resposta sim/não Nesta leitura as posições das cartas não se relacionam a nenhum aspecto particular da vida do consulente, portanto, elas devem ser lidas como um grupo. Duas ou mais cartas positivas significam "sim", enquanto duas ou mais cartas negativas indicam "não".

CARTA 1 PASSADO
CARTA 2 PRESENTE
CARTA 3 FUTURO

A carta central resume a situação atual, a carta à esquerda dá uma ideia de como as circunstâncias atuais ocorreram e a carta à direita indica o resultado mais provável.

CARTA 1 PRESENTE
CARTA 2 REVESES
CARTA 3 AUXÍLIO

Nesta versão, a primeira carta simboliza a situação atual, a segunda indica os obstáculos ou dificuldades que o consulente enfrenta e a terceira carta é o auxílio disponível ou os conselhos sobre como melhorar o resultado. Se você tem uma carta muito positiva na posição dos reveses, ela pode ser um sinal de que não há obstáculos (ou, talvez, de que o positivo está distraindo o consulente de seu propósito). Uma carta negativa na posição do auxílio pode significar uma lição a ser aprendida.

CARTA 1 VOCÊ
CARTA 2 SEU (SUA) PARCEIRO(A)
CARTA 3 SEU RELACIONAMENTO

Este método útil permite que você analise ambas as partes em um relacionamento, bem como a dinâmica ou a sinergia entre elas. A primeira carta representa o consulente, a segunda, seu(sua) parceiro(a), e a terceira indica como eles se dão no relacionamento. Esta leitura pode oferecer uma resposta rápida à pergunta "Ele(a) é a pessoa certa?" ou *insights* úteis para melhorar uma parceria sólida.

A Pata do Gato

Esta tiragem de cinco cartas abrange uma carta base, como a parte acolchoada da pata de um gato, ao lado de quatro cartas igualmente espaçadas situadas acima. Essas quatro cartas representam os dedos da pata do gato, que os felinos usam para ajustar seu equilíbrio e caminhar em todos os tipos de solos.

É fácil aprender a Pata do Gato, e as cartas adicionais permitem mais detalhes e, portanto, uma perspectiva mais matizada do que as oferecidas por tiragens de três cartas. Use esta tiragem quando o consulente está buscando aconselhamento ou se ele estiver focando suas energias em uma direção proveitosa.

CARTA 1 ONDE VOCÊ ESTÁ AGORA
Esta carta representa uma visão abrangente da situação atual e ajuda a construir um panorama do problema principal que o consulente enfrenta.

CARTA 2 PARA ONDE VOCÊ ESTÁ INDO
A primeira das cartas dos dedos indica a direção geral da jornada e, portanto, ajuda a responder à pergunta básica "Estou no caminho certo ou deve haver mudança de rumo?".

CARTA 3 FORÇAS EXTERNAS
Esta carta fala do efeito de pessoas importantes (colegas ou chefes, entes queridos, conhecidos) ou fatores externos (como dinheiro ou influências sociais ou políticas).

CARTA 4 FORÇAS INTERNAS
A carta seguinte considera aspectos do próprio consulente que são significativos, sejam positivos ou negativos. Às vezes, o maior obstáculo para seguir em frente é a própria atitude do consulente.

CARTA 5 CONSELHO OU RESULTADO
Dependendo da pergunta feita, esta carta pode representar o resultado provável ou o conselho que o consulente mais precisa ouvir.

CONSULTANDO O TARÔ
19

A Cruz Celta

Esta tiragem popular abrange duas partes. À esquerda há uma cruz que consiste de seis cartas, e à direita, quatro cartas formam um cajado. As duas cartas no centro da cruz formam suas próprias pequenas cruzes.

CARTA 1 O CERNE DA QUESTÃO
A carta central significa a situação atual; o motivo por trás da leitura.

CARTA 2 SUA PERSPECTIVA
Esta carta é colocada horizontalmente sobre a primeira carta. Significa o que está ajudando ou complicando a situação atual. Uma carta positiva pode ser tirada nesta posição, mas ainda conterá algum tipo de desafio à situação.

CARTA 3 A CAUSA-RAIZ
Esta carta reflete os eventos subjacentes que levaram à situação. Podem ser as forças subconscientes que fizeram o consulente agir de certa maneira.

CARTA 4 INFLUÊNCIAS PASSADAS
Esta carta simboliza os eventos mais recentes ou as atitudes que exerceram influência sobre a situação atual.

CARTA 5 O OBJETIVO OU RESULTADO
Colocada sobre a primeira carta para coroar a situação atual, esta carta explica o que o consulente está mirando ou o rumo que ele está tomando. Ela representa o resultado mais provável se ele continuar na direção indicada pelas outras cartas.

CARTA 6 FUTURO IMEDIATO
Esta carta, posicionada à direita da primeira, ilustra as influências prestes a se manifestar.

CARTA 7 O CONSULENTE
Esta carta representa o que o consulente está trazendo à situação atual – pontos fortes e fracos, talentos e habilidades, ou o que ele precisa desenvolver.

CARTA 8 INFLUÊNCIAS EXTERNAS
Aqui as influências externas sobre o consulente são reveladas, mostrando se elas são um auxílio, um revés ou se seu efeito é neutro.

CARTA 9 ESPERANÇAS E MEDOS
Esta carta revela os sentimentos subconscientes do consulente sobre a situação. Aqui, uma carta desfavorável pode mostrar que eles estão sabotando a situação.

CARTA 10 RESULTADO FINAL
Este é o resultado mais provável, levando em conta todas as outras cartas. No entanto, é importante lembrar que o resultado é passível de mudança se o consulente mudar de atitude.

CONSULTANDO O TARÔ

21

OS ARCANOS MAIORES

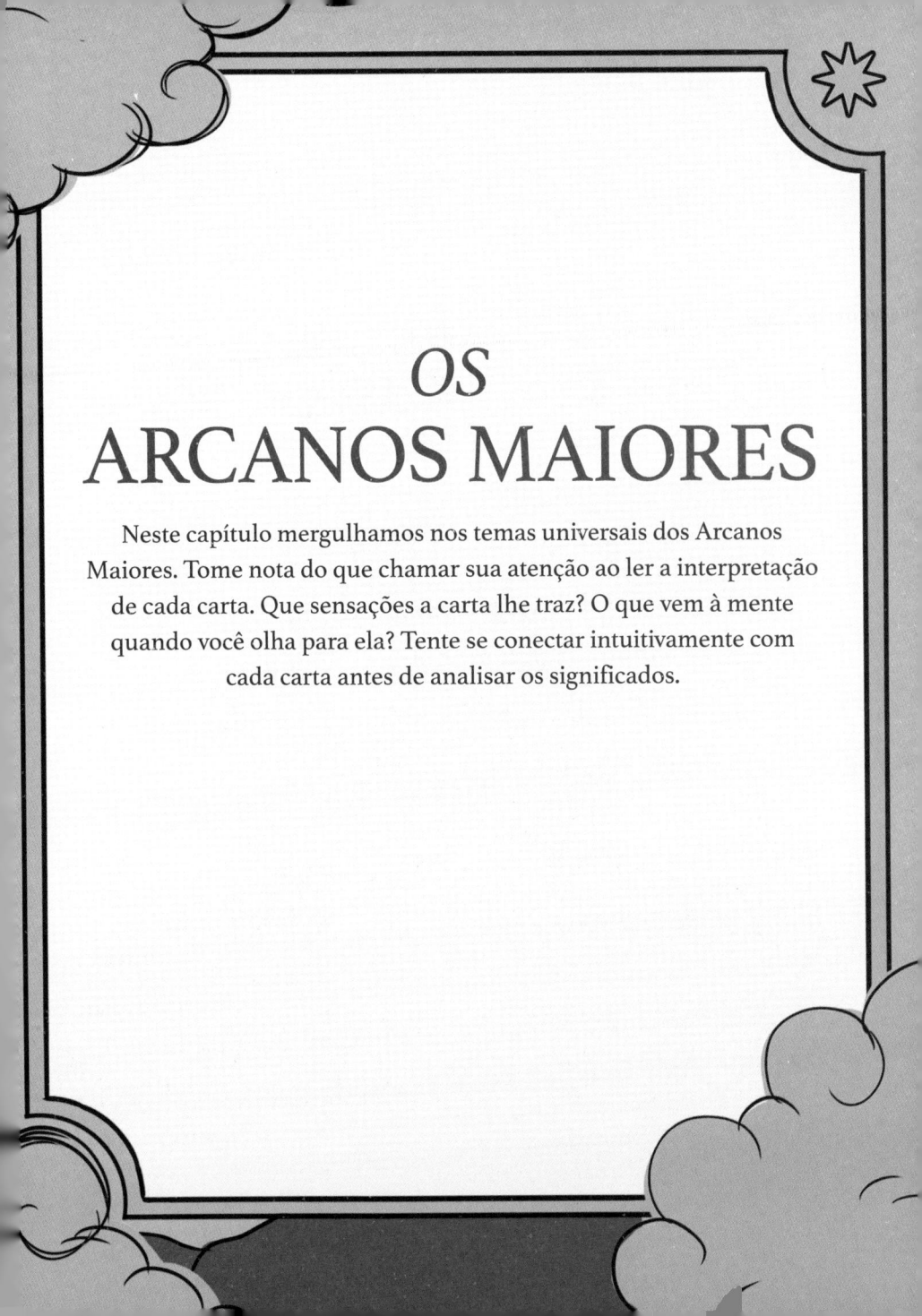

Neste capítulo mergulhamos nos temas universais dos Arcanos Maiores. Tome nota do que chamar sua atenção ao ler a interpretação de cada carta. Que sensações a carta lhe traz? O que vem à mente quando você olha para ela? Tente se conectar intuitivamente com cada carta antes de analisar os significados.

O LOUCO
UM SALTO NO DESCONHECIDO

O BUSCADOR
EXPLORAÇÃO
CRIANÇA INTERIOR
DESPERTAR
INOCÊNCIA

Quando o Louco aparece em uma leitura de tarô pode significar uma pessoa ingênua que, não obstante, tem sabedoria para se comunicar, incorporando simplicidade e *insights* especiais. Também indica a criança interior, a dimensão de si mesmo que se joga de cabeça em novas experiências, sem se deixar abalar pelo medo ou pela negatividade.

O Louco pode representar o início de uma empreitada estimulante ou uma nova jornada espiritual. As cartas lhe dizem para ouvir seu coração e seguir seus sonhos.

Entretanto, esta não é uma carta cem por cento positiva. Ao percorrer territórios desconhecidos, você não tem certeza do que vai descobrir. Há um risco de estar cometendo um erro e vir a se arrepender das próprias ações – mas o risco é o que nos faz viver, e não somente existir.

O MAGO
FAZENDO AS CIRCUNSTÂNCIAS SE CURVAR À SUA VONTADE

CONFIANÇA
EMPODERAMENTO
GUIA
MUDANÇA EFETIVA
APTIDÃO

A aparição do Mago indica autoconfiança e domínio – o poder para fazer as coisas acontecerem. Esta carta nos lembra de que somos mestres de nossa própria vida e temos a capacidade de conseguir o que queremos. Quando o Mago aparece em uma leitura de tarô, prepare-se para canalizar a confiança de modo a poder realizar coisas grandiosas.

O Mago é uma das figuras mais poderosas no tarô. Talvez tenha surgido uma figura de poder na sua vida e ela ajudará a mudar as coisas para melhor. Ou pode haver um desenvolvimento importante na carreira, na vida espiritual ou em questões de saúde. Este é o momento para cair no mundo e descobrir o que você quer, seja um(a) novo(a) parceiro(a) ou uma mudança na carreira.

❦ SIGNIFICADO INVERTIDO: Otimismo é uma coisa, imprudência é outra. O Louco invertido indica uma atitude irresponsável e uma falta de cuidado que será destrutiva. Pense mais uma vez.

❦ SIGNIFICADO INVERTIDO: O poder pode ser mal direcionado; considere suas motivações antes de tentar gerar mudança ou manipular acontecimentos. O fim nem sempre justifica os meios. Cuidado com uma pessoa atraente ou magnética que não é de confiança.

A ALTA SACERDOTISA
INSPIRAÇÃO, INTUIÇÃO E SEGREDOS

CLARIVIDÊNCIA
PERCEPÇÃO
DESCOBERTA
VOZ INTERIOR
SILÊNCIO

A Alta Sacerdotisa é uma figura nobre de aprendizado e sabedoria. É alguém altamente intuitivo e capaz de adivinhar verdades ocultas, simbolizando o poder sutil do feminino.

Quando esta carta aparece em uma tiragem, ela pode representar uma revelação psíquica que chega através de um sonho, algum senso de um poder mais elevado na sua vida, ou um trabalho intenso em seu eu espiritual. Pode ser que uma nova compreensão ilumine seu propósito de vida – ou que logo isso acontecerá.

Esta carta tem uma energia de quietude, sugerindo que é necessário se afastar do mundo por um período para você encontrar sua voz interior. A Alta Sacerdotisa é mais uma força passiva e responsiva do que dinâmica; a mensagem desta carta é a de que, às vezes, é melhor sentar, observar, aprender e aguardar a voz interior falar antes de reagir a acontecimentos, e não tentar direcioná-los.

SIGNIFICADO INVERTIDO: Recusa em ouvir a intuição. Independência excessiva e isolamento prolongado podem levar ao egoísmo e dificultar o relacionamento com outras pessoas.

A IMPERATRIZ
ABUNDÂNCIA NA ESFERA FÍSICA

GENEROSIDADE
ACOLHIMENTO
PROSPERIDADE
SEGURANÇA
CONFORTO

A Imperatriz é dedicada a questões terrenas e prazeres sensuais. Esta carta simboliza abundância, fertilidade e cuidado com os outros.

A Imperatriz está aqui para lembrá-lo de que você é um ser físico com necessidades materiais. A aparição desta carta sugere que você é coroado de bênçãos materiais e sente conforto e satisfação – a Imperatriz é a Mãe Terra prática, acolhedora, que dá vida e provê subsistência. Empreitadas de negócios podem gerar riqueza e esforços passados são recompensados: colhemos o que plantamos. Seu potencial criativo pode ser alimentado, e, se a saúde está ruim, a Imperatriz confere vigor renovado – o que quer que seja necessário será oferecido.

Como figura materna, a Imperatriz considera com carinho a vida familiar.

SIGNIFICADO INVERTIDO: Mães podem ficar excessivamente focadas nas necessidades alheias; alguém pode estar sufocando um familiar ou parceiro(a), ou talvez negligenciando as próprias necessidades. Pode haver problemas de fertilidade ou falta de criatividade.

O IMPERADOR
PRIMEIRO O CÉREBRO, DEPOIS O CORAÇÃO

FORÇA
APLICANDO SUA VONTADE
MOLDANDO O MUNDO
AUTORIDADE
ASSERTIVIDADE

O Imperador significa um líder, provedor ou disciplinador. Quando o Imperador dá as caras, pode ser uma presença masculina que entrou na sua vida, talvez como mentor ou figura paterna, ou, ainda, um parceiro em potencial. Ou, talvez, você precise acessar essa dimensão de si mesmo e adotar uma abordagem metódica para a questão atual; quer você deseje um emprego novo ou precise lidar com dificuldades em um relacionamento, esta carta alerta que um plano estruturado, realizado passo a passo, trará melhores resultados do que uma reação emotiva e dispersa. Mesmo o progresso espiritual precisa englobar autodisciplina e prática regular, incorporadas pelo Imperador.

❋❋ SIGNIFICADO INVERTIDO: Uma carta invertida pode sugerir uma pessoa opressora ou dominadora, uma ênfase excessiva no poder ou na estreiteza de pensamentos; talvez você precise abrir a mente às ideias alheias.

O HIEROFANTE
FILÓSOFO E GUIA ESPIRITUAL

INSTITUIÇÃO
TRADIÇÃO
RESPEITO
MORALIDADE
ESTUDO RELIGIOSO

O Hierofante é um filósofo e líder espiritual. A aparição desta carta indica que o consulente está em busca de respostas para o sentido da vida.
  Ao contrário da carta da Alta Sacerdotisa, que sugere buscar respostas dentro de si, o Hierofante representa um caminho seguido por outros à sua frente, como uma religião sólida ou outro sistema de crenças, particularmente que envolva trabalho em grupo. Esta carta pode representar um professor espiritual de confiança, um sacerdote ou um terapeuta que guia você por um caminho específico de descoberta. Lembre-se de questionar o que lhe dizem em vez de seguir cegamente os passos alheios; evite se conformar para agradar os outros. Esta carta também pode indicar que você está focando as necessidades do grupo, e não as individuais.

❋❋ SIGNIFICADO INVERTIDO: Alguém a quem se reverencia ou se obedece pode ser um hipócrita, vendendo falsas verdades ou fingindo saber mais do que sabem. Será que você está desconsiderando a verdade por respeito a um líder?

OS ENAMORADOS
ROMANCE E ESCOLHAS DE VIDA

ATRAÇÃO
HARMONIA
SINERGIA
DUAS OPÇÕES
COMPROMETIMENTO

A carta dos Enamorados não se relaciona necessariamente a romance. Às vezes, ela aponta uma decisão que se deve tomar entre duas possibilidades – talvez duas metas que dialogam com partes diferentes de si mesmo: o espiritual e o terreno, ou seus lados emocional e intelectual.

Esta carta pode ser um sinal de que você encontrou sua alma gêmea e que haverá um relacionamento duradouro. Mas relações de compromisso significam abrir mão de possibilidades; ao fazer sua escolha, você tem de virar as costas para outras opções. A carta dos Enamorados indica que a escolha diante de si é importante, mas reafirma que a felicidade o espera contanto que você escolha com sabedoria e intuição. Também pode indicar sucesso em uma situação na qual duas pessoas (ou dois grupos) se unem, seja nos negócios, na amizade ou em parcerias românticas.

❖❖ SIGNIFICADO INVERTIDO: Indecisão ou hesitação podem levar as oportunidades embora. Pode haver conflito em um relacionamento, ou talvez outra pessoa tenha entrado na equação. Divórcio ou separação podem estar em jogo.

O CARRO
VITÓRIA ARDUAMENTE CONQUISTADA

VENCER
PROGRESSO
TRIUNFO
CONFIANÇA
IMPULSO

O Carro celebra seu lado forte e determinado para seguir o próprio caminho. Representa autoconfiança e determinação, força de vontade e fé em si mesmo. Quando esta carta aparece, indica que você venceu os opositores e emergiu em triunfo.

Sua vitória pode ser grande ou pequena – talvez você tenha ganhado uma promoção acirradamente disputada com colegas, ou, enfim, conseguiu parar de fumar após muitas tentativas frustradas. Qualquer que seja a batalha, há um senso de proeminência, de seguir o próprio caminho, e esta carta o convida a desfrutar da consequente sensação de satisfação e orgulho.

Em uma posição futura, o Carro sugere que o sucesso chegará – você tem (ou terá) a atitude certa.

❖❖ SIGNIFICADO INVERTIDO: O Carro representa força de caráter, mas invertido sugere que você se tornou arrogante e insensível aos problemas alheios; agressão fanfarrona e vingativa não são atitudes de um vencedor genuíno.

A FORÇA
A CORAGEM PARA VENCER OBSTÁCULOS

BRAVURA
EQUILÍBRIO MENTAL
HABILIDADES CONSCIENTES
FORÇA DE VONTADE
SUCESSO

Todos nós enfrentamos dificuldades na vida, e a luta mais difícil, em geral, é contra o eu. A carta da Força é um chamado a convocar a coragem necessária para canalizar a raiva, o medo e a dúvida, bem como a garantia de que você tem as qualidades para triunfar.

Esta é uma carta que traz bastante sorte, uma das mais felizes dos Arcanos Maiores. Muitas vezes aparece em um momento crucial de sua vida, uma fase em que decisões tomadas podem ter consequências duradouras e positivas.

Esta carta indica que você desenvolveu sabedoria e autocompreensão e não está mais à mercê do ego, com suas urgências egoístas e sem limites. Você tem o autocontrole necessário para usar seu poder com inteligência e honra, e agora pode se dar conta de sua energia criativa e potencial.

SIGNIFICADO INVERTIDO: Perda de controle; talvez seus afãs negativos estejam levando vantagem – esta carta na posição invertida pode indicar um vício ou um traço nocivo de personalidade. Há perda de força de vontade e falta de fé que você pode superar. Talvez seja necessário a ajuda de forças externas para vencer essa batalha.

O EREMITA
RESERVANDO UM TEMPO PARA REFLETIR

CLARIFICAÇÃO
SOLITUDE
REFLEXÃO
MEDITAÇÃO
AUTOPERCEPÇÃO

Toda jornada espiritual requer um período de afastamento das pressões e tentações do mundo material a fim de focar a mente na jornada interior. O Eremita incorpora esse senso de distanciamento e autossuficiência.

O Eremita é um arquétipo de mitos e histórias de todas as civilizações – um desses personagens é o Antigo Pai Tempo. Quando o Eremita aparece em uma tiragem, sua mensagem é clara: desacelerar e simplificar; é necessário reflexão silenciosa. Meditação ou oração podem se revelar ferramentas valiosas para definir sua direção, mas reduzir compromissos sociais e de trabalho para tirar um tempo para si mesmo pode ser o mais indicado. Não é hora de seguir os passos alheios; em vez disso, você deve, discretamente, forjar um novo caminho, lenta e cuidadosamente, construindo sua autoconsciência a cada passo.

SIGNIFICADO INVERTIDO: Afastar-se do mundo pode ser uma estratégia de defesa ou evitamento, ou uma forma de se livrar de responsabilidades. Ao se afastar de outras pessoas e de suas opiniões, você pode estar construindo um castelo de ilusões. Não seja intolerante.

A RODA DA FORTUNA
MUDANÇAS E REVIRAVOLTAS

TRANSIÇÃO
MUDANÇA REPENTINA
CAUSA E EFEITO
ALTOS E BAIXOS
IMPREVISIBILIDADE

Momentos bons e ruins fazem parte da vida. Se permitirmos que nossas emoções sejam movidas puramente por fatores externos, levaremos tapas constantes dos vários ventos que o Universo nos lança. A carta da Roda da Fortuna nos lembra de que as coisas podem mudar a qualquer momento, e precisamos manter um senso de equilíbrio independentemente do que a vida trouxer.

Esta carta lida com aspectos da vida sobre os quais não temos controle. Em geral, significa uma ruptura de sorte ou um encontro casual com resultados positivos. Mas ninguém pode prever ou controlar para que lado a roda vai virar; pode ser que planos cuidadosamente elaborados ou uma aposta certeira sejam perturbadas por um evento aleatório. De qualquer modo, a mudança de circunstâncias tem potencial para levá-lo a um novo crescimento. Aceite de bom grado a nova situação e analise o que você pode aprender com ela.

❧ SIGNIFICADO INVERTIDO: Reveses ou obstáculos inesperados ocorrem; não é um bom momento para embarcar em uma nova empreitada. Você não tem controle sobre os acontecimentos, portanto, não pode voltá-los a seu favor. Em vez disso, você precisa tirar forças de dentro e encarar a situação com o máximo de estoicismo que puder reunir.

A JUSTIÇA
RESULTADO JUSTO OU INTEGRIDADE

EQUILÍBRIO
CONSEQUÊNCIAS
EQUIDADE
ARBÍTRIO
COLOCANDO ORDEM

A balança da justiça nesta carta precisa ser equilibrada entre dois lados opostos, enquanto a espada de dois gumes sugere que um resultado pode ocorrer de duas maneiras, ou que pode haver tanto resultados negativos quanto positivos. Esta carta tem tudo a ver com equidade. Ela sugere que a decisão correta foi alcançada ou que a situação é o resultado de suas ações passadas. Pode significar um julgamento no tribunal, mas também é provável que surja quando você está pensando no que fazer; a carta o incentiva a pesar com cuidado as opções e usar de lógica racional e equidade no processo de tomada de decisão.

A Justiça também pode ser o equivalente do karma no tarô – más ações no passado estão voltando agora, ou um gesto gentil pode ter reciprocidade. A Justiça o incentiva a aceitar a responsabilidade e a reconhecer erros do passado.

❧ SIGNIFICADO INVERTIDO: Uma carta da justiça virada de cabeça para baixo mostra que as circunstâncias são injustas. Mas bater de frente com elas não vai ajudar: às vezes, as coisas não saem como queremos, mesmo que devessem. Uma reação calma e estoica é necessária. Evite julgar os outros, já que não conhecemos os fatos na íntegra.

O ENFORCADO
SACRIFÍCIO FEITO POR VONTADE PRÓPRIA

INICIAÇÃO
ENTREGA
DESCONHECIDO
INSIGHTS PROFUNDOS
MUDANÇA IMPORTANTE NA VIDA

Raramente é possível ter tudo o que se quer sem esforço. A maioria dos mitos sobre heróis mostra o protagonista passando por um período de dificuldades e sacrifícios, enfrentado porque se sabe que a recompensa vale os tempos de sofrimento.

Quando a carta do Enforcado aparece, ela mostra que uma dificuldade atual tem seus propósitos e motivos. Às vezes o sacrifício que se faz é material – abrir mão de uma carreira na cidade grande para ir em busca do sonho de viver no interior ou fazer trabalho voluntário no estrangeiro, por exemplo –, mas pode ser que você esteja abrindo mão de uma atitude ou crença antiga para dar lugar a novas ideias. Deixar ir é doloroso e a vida não voltará a ser a mesma, mas, em última instância, as recompensas são maiores.

A MORTE
O FIM DE UMA ERA

MUDANÇA
TRANSFORMAÇÃO
REMOÇÃO
ACEITAÇÃO
OLHAR PARA A FRENTE

Embora com frequência temida, é raro esta carta tratar de morte física. Seu sentido é metafórico, e está relacionado a términos. Ainda que um término possa causar sensação de perda e luto, ele também abre caminho para um novo começo. Portanto, a Morte no tarô pode ser considerada uma força dinâmica e uma oportunidade para mudança.

A Morte vem depois do Enforcado no baralho de tarô, e pode trazer consigo a sugestão de que o que se perdeu, na verdade, foi entregue de livre e espontânea vontade. A quantidade de dor que o término traz pode ser definida pela sua habilidade de reconhecer a necessidade dela; lutar contra o inevitável nunca é uma atitude sábia.

Esta carta nos incentiva a aceitar o que não pode ser mudado e a abandonar o passado (porque não há dúvida de que não se pode mudar o passado). A vida não pode permanecer estática – e tudo precisa ter um fim.

❖ SIGNIFICADO INVERTIDO: O sacrifício feito é necessário ou catapultado por um senso excessivo de dever? Quando esta carta vem invertida, muitas vezes a sugestão é de martirização vazia. Reflita sobre o que está impedindo você de ir em busca das próprias necessidades e desejos.

❖ SIGNIFICADO INVERTIDO: Medo de deixar ir e recusa em seguir adiante. Às vezes, a carta invertida pode indicar que você tem medo da morte física, mas, assim como na posição correta, tem mais a ver com mudança e sua atitude em relação a isso.

XIV — A TEMPERANÇA

XV — O DIABO

A TEMPERANÇA
EQUILIBRANDO ENERGIAS OPOSTAS

COMPROMISSO
HARMONIA
COOPERAÇÃO
TOLERÂNCIA
ADAPTAÇÃO

O DIABO
EGOCENTRISMO DESENFREADO

AMBIÇÃO
INDULGÊNCIA
EXCESSOS
HEDONISMO
MAU USO DE PODER

A Temperança vem entre a Morte e o Diabo no baralho de tarô, e a energia harmonizadora desta carta oferece pausa e descanso dessas forças potentes e potencialmente modificadoras.

A imagem nesta carta do líquido jorrando um fluxo sem fim entre dois recipientes indica o fluir irrestrito de energia vital, que não é nem um extremo nem outro, mas existe em um estado constante de fluidez e equilíbrio. Esta carta aconselha você a ser paciente, a buscar o caminho do meio e trabalhar com outras pessoas para o benefício de todos. Também pode mostrar uma atitude madura em que excessos são reprimidos e extremos emocionais são moderados.

Quando a carta aparece com a Justiça, pode significar um julgamento bem-vindo, e com os Enamorados pode indicar boa comunicação e resolução de conflitos, satisfazendo ambas as partes.

Instintos básicos de egoísmo, luxúria desenfreada e ganância são representados pela carta do Diabo. Mas essa energia feroz pode também ser uma potência criativa se formos fortes o bastante para domá-la.

O tarô entende que há um diabo em cada um de nós; não podemos ser infantis a ponto de culpar uma força externa por nossos impulsos negativos. Em vez disso, precisamos reconhecê-los e controlá-los. A aparição do Diabo em uma tiragem é um alerta para não se deixar levar por uma ênfase excessiva em prazeres físicos e gratificações, e não ir em busca dos próprios desejos de um modo que prejudique você ou os outros. Pode sugerir uma situação desagradável envolvendo jogos de poder, excessos, dívidas ou vícios. Talvez você tenha feito escolhas equivocadas ou desconheça os motivos do outro; vá por etapas para colocar um fim a essa situação incômoda.

❧ SIGNIFICADO INVERTIDO: Pode significar que você está paralisado pela indecisão, ou que opiniões diferentes podem levar à discórdia ou ao rompimento. As emoções estão sem controle e há pouca disposição para cooperação com uma parceria ou um grupo. Reserve um tempo para olhar para dentro, reavaliar a situação e readquirir perspectiva.

❧ SIGNIFICADO INVERTIDO: Você começou a reconhecer que hábitos negativos ou escolhas egoístas trouxeram infelicidade.

XVI
A TORRE

XVII
A ESTRELA

A TORRE

REVIRAVOLTA DRÁSTICA QUE ANUNCIA UM RENASCIMENTO

CAOS
DISRUPÇÃO
MUDANÇA
DESTRUIÇÃO
LIBERTAÇÃO

A Torre é o único imóvel no tarô, e significa os edifícios que construímos para nos sentirmos seguros e protegidos. Eles podem assumir uma forma concreta, como nossos lares; podem ser abstratos, como as *personas* sociais e profissionais que apresentamos ao mundo; ou, ainda, podem ser emocionais, como nos relacionamentos que oferecem um refúgio do mundo exterior.

A carta mostra uma torre que foi atingida por um raio, e isso significa uma catástrofe que faz as coisas caírem no chão – talvez o fim de uma parceria, uma repetição ou a perda da fé em si mesmo.

Embora a Torre seja uma carta de destruição, ela traz oportunidades, já que, quando o velho é destruído, há espaço para o novo se você estiver disponível para recomeçar. Uma melhor maneira de viver é possível.

SIGNIFICADO INVERTIDO: Eventos desagradáveis que estão ocorrendo são consequência de suas próprias ações, ou você está em negação e tentando adiar o inevitável. É hora de encarar a realidade.

A ESTRELA

UMA PROMESSA DE TEMPOS MAIS FELIZES

INSPIRAÇÃO
IDEALISMO
ORIENTAÇÃO
INSIGHT
AMOR ESPIRITUAL

A Estrela é uma carta espiritual que nos impulsiona rumo a um futuro mais radiante. Ela simboliza a fé, seja em nós mesmos, em um poder mais elevado ou no valor de uma nova ideia ou ambição. A Estrela representa nossa parte inocente que alimenta esperanças quando tudo parece perdido.

Esta carta muitas vezes aparece durante períodos de dificuldade, mostrando que o pior acabou e incentivando você a acreditar que a vida vai melhorar. Ela o aconselha a estar aberto às dádivas auxiliadoras agora disponíveis, seja das pessoas ao seu redor ou do Universo em termos gerais.

Esta carta pode indicar que você está prestes a trilhar um caminho que trará plenitude espiritual ou criativa. Mas é importante lembrar que a Estrela não leva em conta o lado pé no chão da vida; sua tarefa pode ser aliar esse lindo idealismo com coisas práticas.

SIGNIFICADO INVERTIDO: Uma Estrela invertida pode significar autointeresse ou perda de idealismo; talvez o brilho tenha ofuscado uma ideia ou um relacionamento, e você consegue enxergar problemas para os quais anteriormente estava cego.

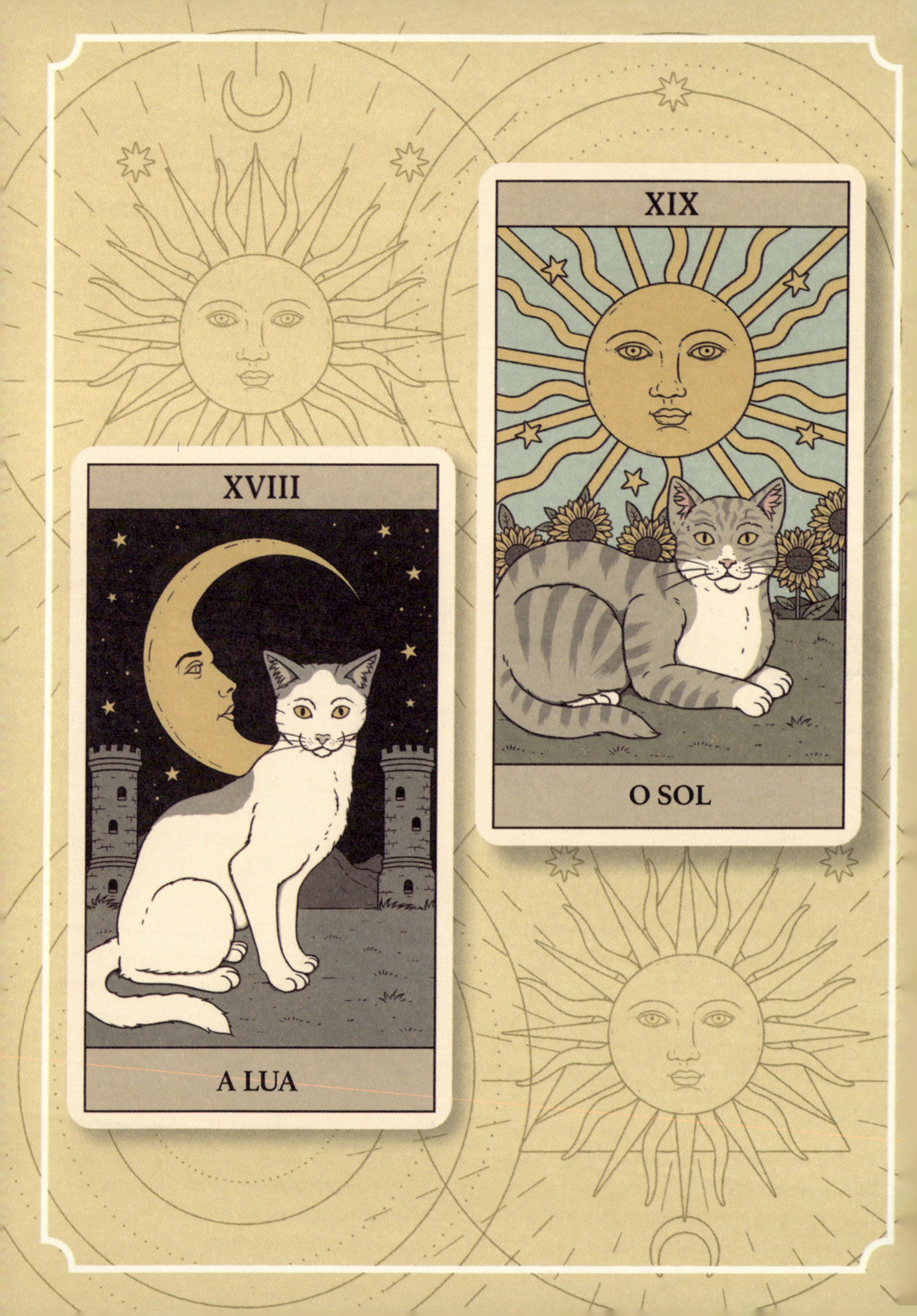
XVIII
A LUA
XIX
O SOL

A LUA

IMAGINAÇÃO E EMOÇÕES INSTÁVEIS

INTUIÇÃO
CRIATIVIDADE
MAL-ENTENDIDOS
DESCONFORTO
INCERTEZA

No tarô, a Lua está associada ao subconsciente e se baseia na antiga crença de que o comportamento humano é afetado pelas fases lunares crescente e decrescente em seu ciclo contínuo.

Quando a Lua aparece em uma tiragem, muitas vezes significa um momento de confusão, já que não conseguimos sondar as profundezas do subconsciente ou entender por inteiro a direção a que ele nos impele. Ela pode aparecer quando seus sonhos são excepcionalmente vívidos ou quando você se sente atraído por práticas artísticas, meditativas, divinatórias ou, talvez, para a psicoterapia, todas elas capazes de oferecer um caminho para maior compreensão.

Talvez você se sinta incomodado ou emotivo, ou não tenha certeza dos próprios sentimentos. Muitas vezes a melhor opção é abraçar o incerto, explorar a psique interna o melhor que souber e deixar de lado ações decisivas até a próxima etapa do ciclo.

SIGNIFICADO INVERTIDO: Uma situação que parece clara pode ser uma ilusão, ou pode haver motivações ocultas no trabalho. A falta de clareza pode estar causando dificuldades, portanto, pense com cuidado antes de falar e evite se envolver em discussões infrutíferas. Ouça sua voz interior – alguém está sendo falso.

O SOL

BRILHANDO COM ENERGIA RADIANTE

INOVAÇÃO
FORTALECIMENTO
BOA SAÚDE
LIBERDADE
REALIZAÇÃO

O Sol é celebrado em mitos e histórias do mundo todo e de todas as eras, um reconhecimento de seu papel vital em manter a vida. Quando a carta do Sol aparece em uma tiragem de tarô, você sabe que possui a vitalidade e o entusiasmo necessários para lidar com qualquer coisa adiante, e há chances de que aventuras e diversões estejam à sua espera.

O Sol sugere que é sua vez de brilhar e os eventos estão a seu favor. Pode haver uma promoção ou alguma outra situação afortunada no horizonte, ou talvez outras pessoas se atraiam pelo brilho e energia que você está exalando; este é um momento maravilhoso para socializar e se divertir.

Não desperdice esta oportunidade. Quando estamos no centro do Universo, nossos desejos se tornam possíveis e precisamos aproveitar o momento.

SIGNIFICADO INVERTIDO: Quando o Sol brilha demais, outras pessoas podem ser ofuscadas. Tome cuidado para não ser arrogante ou superior. Como alternativa, talvez sua luz esteja se apagando; oportunidades podem escapar tal como a luz solar enfraquece quando ele se esconde atrás do horizonte.

XX — O JULGAMENTO

XXI — O MUNDO

O JULGAMENTO
FAZENDO ESCOLHAS DERRADEIRAS

TRANSPARÊNCIA
DECISÕES
PERDÃO
RESPONSABILIDADE
AUTOCONFIANÇA

A vida é cheia de possibilidades, mas algumas decisões são derradeiras e permanentes. O Julgamento lida com essas escolhas. Elas podem se relacionar com eventos importantes da vida ou questões menores, mas, uma vez tomada a decisão, não há como voltar atrás.

Pode ser útil olhar as cartas ao redor para ver em qual área o julgamento é necessário. Se esta carta estiver formando par com a dos Enamorados, talvez uma relação seja formalizada pelo casamento ou de alguma outra forma; por sua vez, se ela aparecer com o Hierofante, a sugestão é um comprometimento com sua fé ou crenças.

Qualquer que seja a situação, você está pronto para lançar mão de suas habilidades e encarar suas limitações, fazendo os reparos necessários. A aparição desta carta garante clareza de julgamento, equilibrando com perfeição o eu intuitivo e o raciocínio lógico.

❖ **SIGNIFICADO INVERTIDO:** O medo de tomar decisões ou, talvez, o excesso de confiança na opinião alheia podem resultar na perda de uma oportunidade.

O MUNDO
REALIZAÇÃO OU PLENITUDE

OBJETIVO ATINGIDO
REALIZAÇÃO
ESFORÇOS RECOMPENSADOS
TÉRMINO DE UM CICLO
PERTENCIMENTO

A última carta dos Arcanos Maiores significa ápice: a conclusão bem-sucedida de uma jornada ou a realização de um objetivo pelo qual se vem trabalhando há um bom tempo. O globo terrestre abarca a noção de encerramento total de ciclo – e, com isso, o lembrete tantas vezes presente no tarô de que, quando uma jornada termina, outra começa.

Quando esta carta aparece, ela indica um momento em sua vida no qual você chegou ao destino desejado e pode parar para apreciá-lo. Talvez seja hora de dar algo em troca aos que o ajudaram e também aos que vêm atrás. Talvez você tenha um senso renovado de comunidade, de pertencimento, e ele pode ser expresso por meio da bondade com outras pessoas ou algum tipo de trabalho voluntário.

Esta carta também pode aparecer quando uma longa jornada no estrangeiro está prestes a começar.

❖ **SIGNIFICADO INVERTIDO:** Você se sente em um impasse, aprisionado pelo medo de novos horizontes ou, tendo atingido um objetivo, você estagnou ou está inseguro sobre o próximo passo que deve dar.

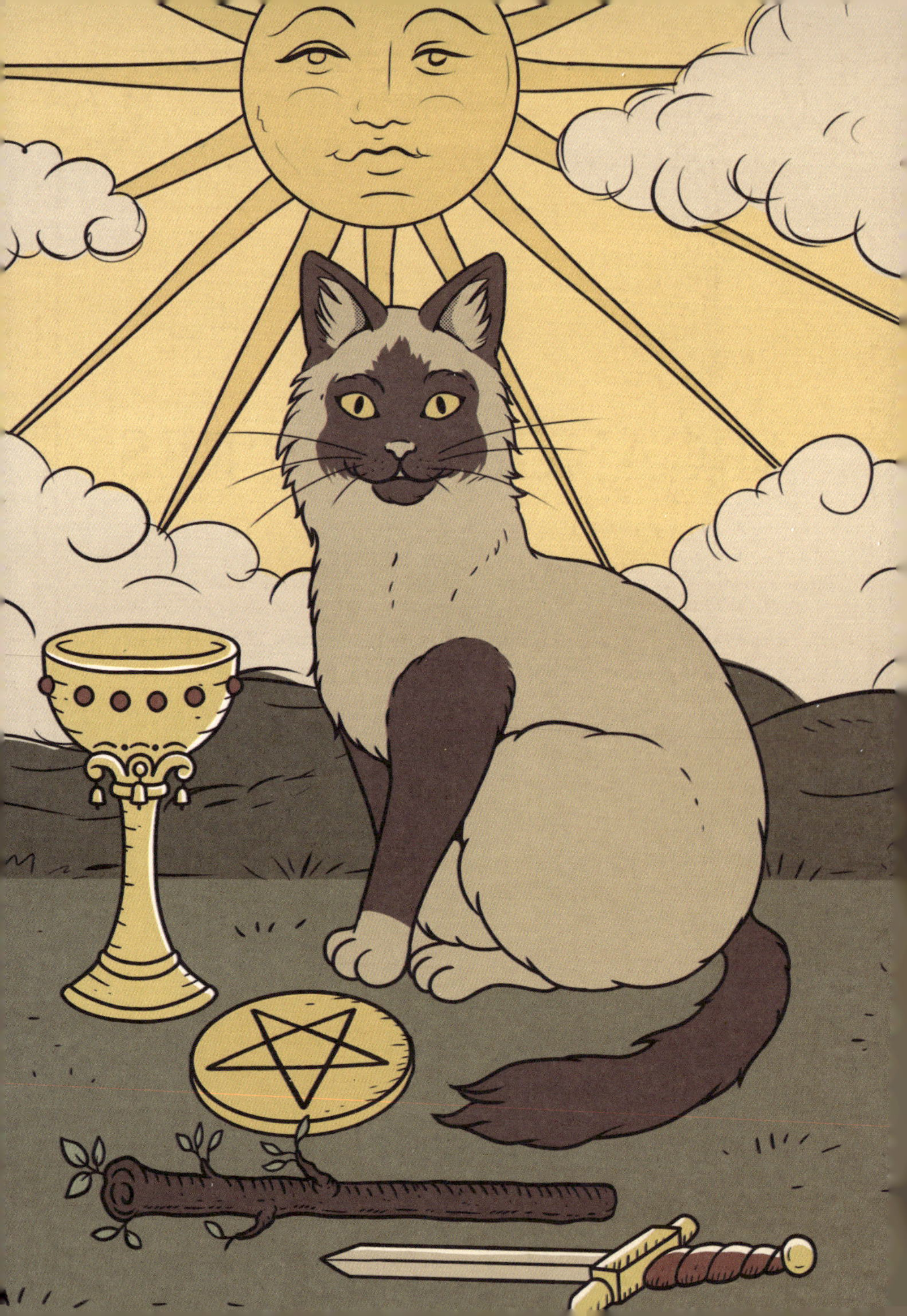

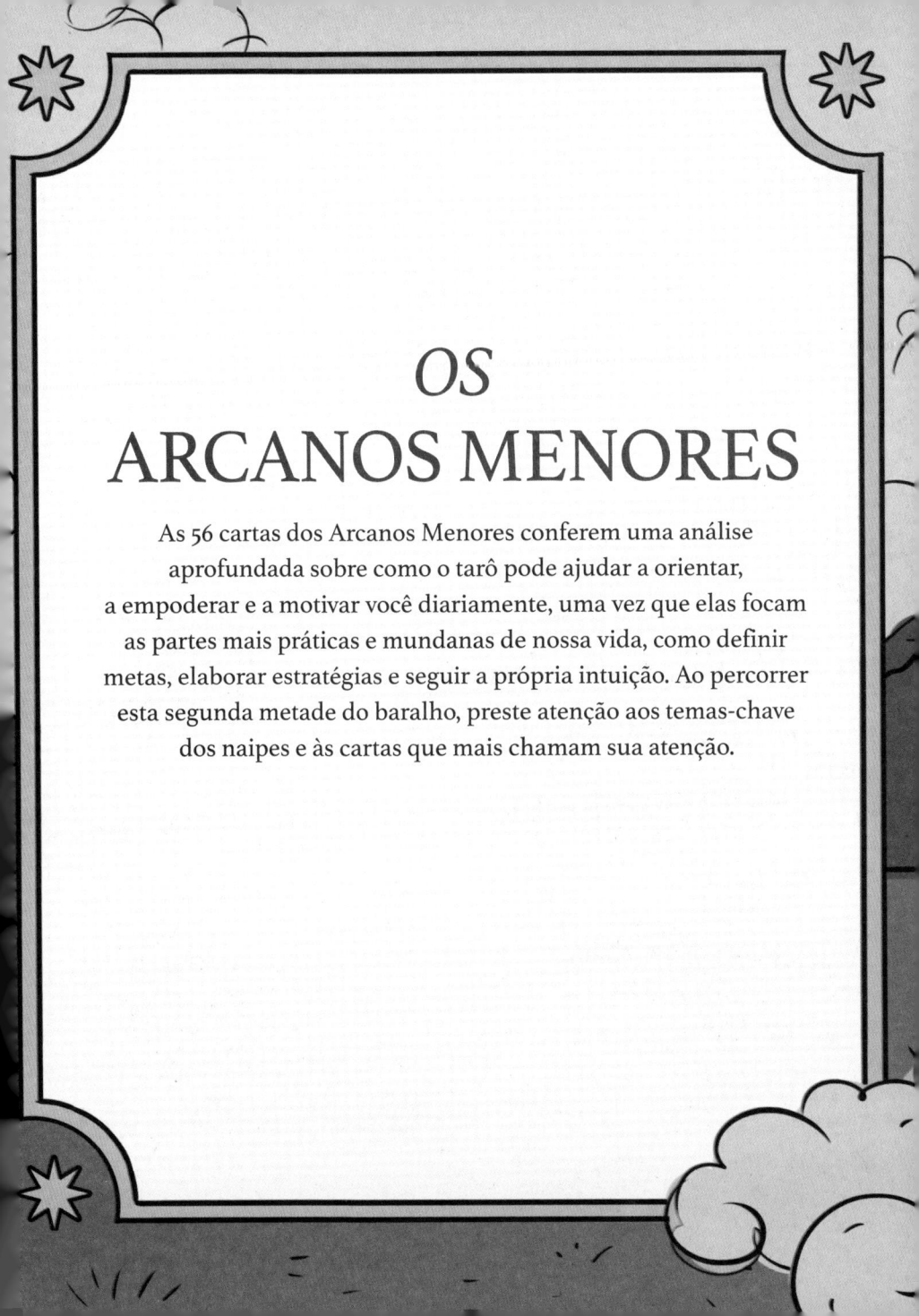

OS ARCANOS MENORES

As 56 cartas dos Arcanos Menores conferem uma análise aprofundada sobre como o tarô pode ajudar a orientar, a empoderar e a motivar você diariamente, uma vez que elas focam as partes mais práticas e mundanas de nossa vida, como definir metas, elaborar estratégias e seguir a própria intuição. Ao percorrer esta segunda metade do baralho, preste atenção aos temas-chave dos naipes e às cartas que mais chamam sua atenção.

OS ARCANOS MENORES
O NAIPE *de* PAUS

No tarô, o naipe de Paus significa crescimento. Ele está associado ao elemento Fogo, e as cartas estão vinculadas ao impulso interior para progredir e se expressar de várias maneiras, como por meio de trabalho, espiritualmente, por meio de empreitadas criativas ou expandindo os horizontes com viagens ou estudos.

ÁS
de PAUS

ESTÍMULO • AVANÇOS • ENTUSIASMO

A carta das ideias. Quando o Ás de Paus aparece, ele fala sobre um rompante de energia criativa que pode mudar seu destino. Preste atenção a novos *insigths*, inspirações repentinas ou, simplesmente, a sensações de inquietação – eles indicam que você está à beira de uma nova aventura.

Uma herança ou um bônus inesperado podem ajudar a movimentar as coisas.

🐾 SIGNIFICADO INVERTIDO: Falta de motivação ou sensação de estar sendo encurralado significam que as ideias estão sufocadas. Ou, simplesmente, que há coisas excessivas a fazer. Fazer uma pausa pode ser uma boa pedida.

DOIS
de PAUS

ESFORÇO • PLANEJAMENTO • PREPARAÇÃO

É necessário esforço persistente para dar vida a uma nova ideia. Acredite em seu potencial e dê passos ousados para realizá-lo. O mundo está a seus pés.

Esta carta indica uma decisão: ou continuar no rumo conhecido ou tomar uma direção totalmente nova.

Uma parceria nova e frutífera está no horizonte.

🐾 SIGNIFICADO INVERTIDO: Tome cuidado. Os planos não foram analisados e pode haver falha de comunicação. Uma ideia pode acabar em anticlímax ou decepção.

TRÊS
de PAUS

VISÃO • NOVOS HORIZONTES • EXPLORAÇÃO

A aparição desta carta significa que seus planos progrediram ou que um objetivo de curto prazo foi atingido. Mas considere também o longo prazo e abrace as mudanças necessárias.

Viagens, estudos e novas aventuras estão bem cotados, e um auxílio ou uma parceria podem acelerar seu processo.

❦ SIGNIFICADO INVERTIDO: As energias estão dispersas ou sendo desperdiçadas, portanto, reúna forças e tome um caminho diferente. Cuidado com pessoas oferecendo ajuda; elas podem se revelar um estorvo.

QUATRO
de PAUS

COMEMORAÇÃO • CONQUISTA • SATISFAÇÃO

Uma carta jovial que reflete um senso de completude – talvez você tenha finalizado um projeto de trabalho, uma obra de arte ou uma reforma na casa.

Há felicidade e harmonia, e possivelmente um novo romance ou uma casa. Rixas podem ser sanadas e erros passados deixados para trás conforme você entra em uma fase mais feliz.

❦ SIGNIFICADO INVERTIDO: É necessário mais esforço se quiser atingir o resultado desejado. Pode haver conflitos em casa e instabilidade no trabalho ou em um relacionamento.

CINCO
de PAUS

RIVALIDADE • COMPETITIVIDADE • IMPASSES

Conflitos são a ordem do dia, especialmente no universo profissional. Isso não necessariamente é ruim: a competição pode incentivar você a coisas maiores, e desafios podem forçar replanejamentos úteis, um fortalecimento mental. Mas esta carta aconselha cautela – é possível que as pessoas estejam meramente fazendo jogos mentais inúteis?

🐾 SIGNIFICADO INVERTIDO: Tensões podem ter acabado, mas agora você precisa lidar com as consequências. Pessoas próximas mais fracas podem usar de manipulação para ganhar vantagem.

SEIS
de PAUS

TRIUNFO • RECOMPENSA • RECONHECIMENTO

Esta carta significa vitória após um período de trabalho duro ou dificuldades. Você pode esperar mais do que satisfação pessoal; o reconhecimento público de suas conquistas estão a caminho – uma promoção, atenção da mídia, um prêmio, talvez um novo contrato. Aproveite o momento – ou tire umas férias –, pois será necessário se esforçar para manter sua posição.

🐾 SIGNIFICADO INVERTIDO: Lembre-se de que "o orgulho precede a queda". Não se vanglorie ou se deleite com o sucesso. A inveja alheia pode plantar as sementes dos problemas mais tarde.

SETE
de PAUS

EU • PROTEÇÃO • OPOSIÇÃO

Sempre que se atinge o sucesso, os desafios vêm logo em seguida. Esta é uma carta de *status*, indicando que você alcançou uma posição de destaque e respeito. Mas sempre haverá oposição contra quem está em patamares mais elevados; não se deixe abalar, e consolide as conquistas antes de tentar seguir em frente. Acreditar em si é crucial se você estiver tentando defender sua eminência duramente conquistada.

🐾 SIGNIFICADO INVERTIDO: Prepare-se para lutar contra negatividades ou antagonismos declarados. Fique firme.

OITO
de PAUS

MOVIMENTO • PROGRESSO • VIAGEM

Sua energia criativa está no ápice e tudo se move depressa. Projetos chegam a conclusões rápidas; impedimentos são afastados. Oportunidades novas e estimulantes se apresentam, e viagens também são prováveis. Não deixe de canalizar a energia de uma maneira focada, e não permita que ela flua em muitas direções ou seja desperdiçada em assuntos sem importância.

🐾 SIGNIFICADO INVERTIDO: Seguir adiante com pressa e sem cuidado pode causar problemas. Atrasos e rompimentos ocorrem. Exercite a paciência.

NOVE
de PAUS

REVÉS • TESTE • RESILIÊNCIA

Um acalentado objetivo pelo qual você vinha trabalhando está à vista, mas há um último obstáculo a vencer. Esta carta aconselha você a recorrer a reservas internas e a armazenar energia para um último esforço. As escolhas certas foram feitas. Agora, você precisa ser persistente e confiar em si mesmo para se destacar.

🐾 SIGNIFICADO INVERTIDO: Há oposição, e pode ser que a abordagem esteja equivocada ou os objetivos, irreais. A solução pode estar no comprometimento.

DEZ
de PAUS

RESPONSABILIDADES • ÔNUS • CONSEQUÊNCIAS

O Dez de Paus aparece quando você está exausto, mas não consegue descansar porque a realização de um objetivo está próxima. Ou, talvez, um projeto ou esquema tenha sido ligeiramente bem-sucedido, mas o deixou com responsabilidades extras que estão se revelando um fardo pesado. Você precisa priorizar e delegar.

🐾 SIGNIFICADO INVERTIDO: Compromissos importantes são necessários, e nem todas as metas serão atingidas. Outras pessoas estão sendo um fardo injusto para você ou culpando-o pelos próprios problemas.

VALETE
de PAUS

POTENCIAL • IDEIA • NOVOS COMEÇOS

O Valete de Paus indica uma pessoa jovem que tem habilidades, mas ainda não tem objetivo focado. Esta carta pode incentivá-lo a reconhecer os primeiros lampejos de uma chama criativa – ou uma sensação de inquietude ou, ainda, insatisfação – que, se alimentada, pode levá-lo a uma nova direção.

Esta carta pode indicar notícias bem-vindas, talvez um nascimento, uma ideia interessante ou um projeto instigante.

🐾 SIGNIFICADO INVERTIDO: O medo ou a falta de ambição estão segurando você. Energia criativa não expressada pode gerar confusão.

CAVALEIRO
de PAUS

AVENTURA • ENTUSIASMO • MUDANÇA DE DIREÇÃO

Uma pessoa impulsiva ou enérgica, decidida a ter sucesso, pode aparecer e deixar os outros entusiasmados.

A aparição desta carta pode refletir uma necessidade de estímulos. Pode indicar mudança de casa, viagens para o exterior ou uma nova aventura, todas válvulas de escape para o espírito exultando que pode abalar seu mundo.

🐾 SIGNIFICADO INVERTIDO: Não se deixe levar pelo drama alheio ou pelos esquemas irrefletidos; pense nas consequências de suas ações. Obstáculos ou atrasos podem ser frustrantes.

RAINHA de PAUS

RAINHA
de PAUS

INTUIÇÃO • ACOLHIMENTO • CUIDADO

A Rainha representa uma pessoa de coração acolhedor, cuidadora e confiante que pode ser influente neste momento. Esta carta incorpora as qualidades da lealdade e intuição. Pode ser que você esteja precisando de conselhos ou ajuda, ou que precise desenvolver essa dimensão de sua própria personalidade.

Esta carta também pode implicar empreitadas de negócios ou ideias criativas bem-sucedidas.

🐾 SIGNIFICADO INVERTIDO: Uma pessoa madura que pode ser controladora e vaidosa. Talvez você tenha sofrido perda de confiança ou seja excessivamente dependente dos outros. Tenha fé.

REI de PAUS

REI
de PAUS

ASSUMINDO O COMANDO • AUTORIDADE • VISÃO

Esta é uma carta de liderança. Ela pode refletir a aparição de uma pessoa forte e carismática em sua vida, capaz de desencadear mudanças. Ou pode ser um sinal de que você precisa abraçar esse aspecto do seu próprio eu e enfrentar um desafio que se apresenta, ou, ainda, fazer uma ideia render frutos.

🐾 SIGNIFICADO INVERTIDO: Um líder arrogante pode prejudicar o êxito de um projeto ou de uma empreitada; prepare-se. Reflita se você não está menosprezando outras pessoas em sua busca de alcançar o sucesso.

OS ARCANOS MENORES

O NAIPE *de* OUROS

Ouros são as moedas douradas que compõem a estrela de cinco pontas de Hermes, o deus do dinheiro. Associadas ao elemento Terra, estas cartas tratam das maneiras como interagimos com o mundo físico – apetites sensuais, necessidade de nutrir, doar e construir, e nosso desejo por riquezas materiais.

ÁS
de OUROS

CONFORTO • DESFRUTE • ABUNDÂNCIA

Em todos os naipes, os ases indicam um início. No naipe de Ouros – relacionado à segurança e a questões mundanas – esta carta indica prosperidade. Você tem os meios necessários para atingir um objetivo, talvez graças a uma doação ou a uma herança.

A aparição desta carta também pode significar que um novo empreendimento pode valer a pena.

🐾 SIGNIFICADO INVERTIDO: O dinheiro talvez não traga felicidade, ou a riqueza pode estar sendo esbanjada. Pode sinalizar doença, ou talvez você esteja excessivamente focado em abundância material.

DOIS
de OUROS

ADAPTABILIDADE • EQUILÍBRIO • DESTREZA

Esta carta convoca flexibilidade, uma vez que você tem necessidades conflitantes que precisam ser resolvidas. O conselho é você manter suas opções abertas, porque o caminho certo ainda não está claro. É um bom momento para colocar os assuntos em ordem, para que novas oportunidades possam ser pegas no ar.

Um risco financeiro pode se revelar proveitoso.

🐾 SIGNIFICADO INVERTIDO: Está ficando difícil manter o equilíbrio, ou um evento passado lança sombra sobre o presente. Cuidado com excesso de gastos ou de dívidas.

TRÊS
de OUROS

RECONHECIMENTO • DOMÍNIO • APLICAÇÃO

Um certo sucesso foi atingido. Isso é satisfatório, mas acaba não sendo o bastante para deixá-lo pleno. Você precisa continuar trabalhando.

Trabalho em equipe é indicado, e pode ser que venha ajuda de um mentor ou de um sócio.

Esta carta denota habilidades comerciais ou artísticas que trazem recompensa financeira e respeito.

🐾 SIGNIFICADO INVERTIDO: Você se sente subvalorizado – e isso pode se refletir nos ganhos financeiros recebidos. Mas o trabalho não está sendo feito num padrão elevado o bastante ou recebendo a atenção e a dedicação necessárias.

QUATRO
de OUROS

SUCESSO MATERIAL • ESTABILIDADE • SATISFAÇÃO

Esforços anteriores levaram a um certo nível de segurança financeira e *status*, o que dá a você um senso de orgulho e felicidade, além de uma base sólida para construir. No entanto, é preciso vigiar a tendência de se apegar demais ao que se tem, já que a possessividade impedirá o progresso.

🐾 SIGNIFICADO INVERTIDO: Atitudes avarentas estão bloqueando sua capacidade de seguir em frente em um relacionamento, um projeto ou na vida de modo geral.

CINCO
de OUROS

PENÚRIA • DÍVIDA • PERDA DE *STATUS*

Esta carta indica um período de dificuldades financeiras, que podem levar você a duvidar de si mesmo. Você pode se isolar por vergonha ou ser rejeitado por julgamentos alheios.

Emoções que regem o intelecto trazem tristeza ou decepção e solidão espiritual.

🐾 SIGNIFICADO INVERTIDO: Talvez você precise aceitar ajuda alheia, mesmo que fique com o orgulho ferido. O fim está próximo, após um período de dificuldade e dívidas. Rixas podem ser sanadas.

SEIS
de OUROS

DAR E RECEBER • EQUILÍBRIO • HARMONIA

A fé é recuperada após um período de dificuldades. Cooperação e trabalho em equipe beneficiam todos em assuntos de negócios e relacionamentos pessoais. Você atinge o sucesso em questões materiais, mas é bom continuar sendo generoso com os outros, atento a como é estar do outro lado da balança.

🐾 SIGNIFICADO INVERTIDO: Há um desequilíbrio: você está dando demais ou de menos, ou presentes vêm com segundas intenções. Desigualdade financeira causa má vontade.

SETE de OUROS

SETE
de OUROS

RECOMPENSA • CHAMADO SUPERIOR • PROPÓSITO

O trabalho duro é recompensado. Esta é uma boa carta para quem faz parte do universo criativo, já que seu talento começa a compensar. No entanto, às vezes nossas metas não refletem nossas paixões internas, então a carta Sete o aconselha a se comprometer com seus sonhos.

Esta carta também simboliza um novo amor e dinheiro em forma de empréstimo.

❧ SIGNIFICADO INVERTIDO: Ansiedade por seu trabalho duro não dar em nada. Às vezes, tudo o que você pode fazer é labutar com diligência, na esperança de uma colheita farta.

OITO de OUROS

OITO
de OUROS

DILIGÊNCIA • HABILIDADE • AUTODISCIPLINA

Significado frequente de um período de trabalho intenso, esta carta mostra que você atingiu um certo sucesso, mas que é necessário maior dedicação para dominar sua arte. Sacrifícios pessoais podem ser necessários. Todas as formas de conhecimento ou aprendizado são favoráveis.

❧ SIGNIFICADO INVERTIDO: Falta de esforço ou habilidade necessários para atingir sua meta. Talvez você esteja dependendo demais dos outros, sem dar o melhor de si.

NOVE
de OUROS

RIQUEZA • LUXO • SEGURANÇA FINANCEIRA

Em termos materiais, esta carta indica que tudo no jardim está florescendo: você vive em abundância, as metas são realizáveis, os negócios estão favoráveis e a saúde, boa. Mas lembre-se: "dinheiro não traz felicidade", e saiba que ter como único objetivo produzir riquezas pode levar à pobreza emocional ou espiritual.

❖ SIGNIFICADO INVERTIDO: Os planos não deram frutos. Talvez você esteja sacrificando coisas demais em prol do dinheiro. A saúde pode ser prejudicada por um estilo de vida desequilibrado.

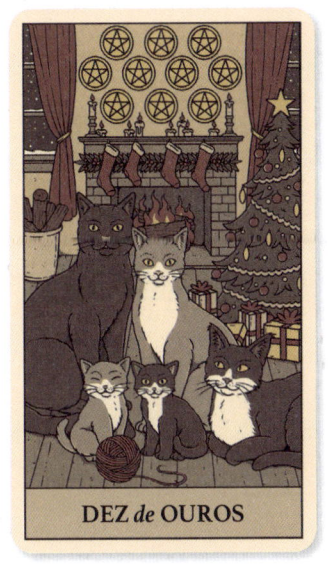

DEZ
de OUROS

ABUNDÂNCIA • COMPARTILHAMENTO • FAMÍLIA

Esta é uma carta de fartura; tudo o que é necessário está à disposição. O Dez se relaciona à plenitude: você está confortavelmente estabelecido no trabalho e colhendo benefícios materiais. Você pode começar a usar riqueza e conquistas para beneficiar outras pessoas ou vislumbrar o próximo passo. Família (e dinheiro familiar) é a chave.

❖ SIGNIFICADO INVERTIDO: Preserve o que foi obtido; este não é um momento para assumir riscos sem sentido. Cuide do seu lar e da família para garantir que eles estejam seguros.

VALETE
de OUROS

APRENDIZADO · ENTUSIASMO · INTERESSES

Uma pessoa entusiasta, idealista – talvez um estudante ou um amador – tem energia juvenil para gastar, mas não um plano bem elaborado. Quando esta carta aparece, pode indicar uma oportunidade para fazer algo diferente, mas lembre-se também de levar em conta as coisas práticas.

SIGNIFICADO INVERTIDO: Esta carta pode simbolizar um sonhador ignorando as realidades da vida ou indicar um excesso de interesses e métodos dispersos; concentre suas energias.

CAVALEIRO
de OUROS

ESTABILIDADE · CONFIABILIDADE · DILIGÊNCIA

Pessoa jovem e confiável que trabalha duro e seque um plano com exatidão, sem atalhos. Ela é acolhedora e compassiva, sobretudo com animais. Ela pode ser importante na sua vida ou indicar que um projeto precisa ser visto no conjunto, por mais maçante que ele possa ser.

SIGNIFICADO INVERTIDO: Métodos consagrados têm seu lugar, mas uma abordagem mais imaginativa pode ser necessária. Uma pessoa teimosa ou passivo-agressiva pode dificultar seus esforços.

RAINHA
de OUROS

VIABILIDADE • CUIDADO • AUTOSSUFICIÊNCIA

A Rainha de Ouros é uma pessoa maternal e sociável que oferece soluções práticas e se interessa por artes. É financeiramente estável, o que lhe permite ser generosa com seus entes queridos. Como todas as cartas da corte, essa pode significar uma pessoa entrando na sua vida ou que as qualidades dela estão se manifestando em você.

🐾 SIGNIFICADO INVERTIDO: Quando aparece de cabeça para baixo, esta carta pode indicar responsabilidades deixadas de lado. Uma pessoa preguiçosa ou manipuladora está causando discórdia.

REI
de OUROS

NEGÓCIOS • MENTORIA • SENSUALIDADE

Uma pessoa de negócios bem-sucedida fica em evidência. Ela é adepta das finanças e negociações, e movida pela fartura (e não por empreitadas criativas). Pode ser um mentor ou conselheiro útil, ou talvez inspire você a analisar questões mundanas. Esta carta é um lembrete para desfrutar os prazeres físicos e materiais da vida.

🐾 SIGNIFICADO INVERTIDO: Uma pessoa motivada por dinheiro pode ser inescrupulosa e fraca, colocando a riqueza acima dos relacionamentos e do respeito. Tome cuidado.

OS ARCANOS MENORES

O NAIPE *de* ESPADAS

Este naipe está relacionado a questões da mente: inteligência, saúde mental e comunicação. É associado ao elemento Ar, que é puro e se expande. A espada em si representa os dois lados da mente: o pensamento afiado e o gume.

ÁS
de ESPADAS

IDEIAS • VISÃO • PENSAMENTO CLARO

O Ás indica um momento "eureca": um progresso nos pensamentos ou uma nova ideia criativa. Isso tem o potencial de mudar seu mundo, mas também tende a criar conflito com outras pessoas; não deixe isso ser um empecilho, porque, mais cedo ou mais tarde, o sucesso virá.

O naipe de Espadas está vinculado à justiça, e essa ideia também pode estar relacionada a ajudar os outros, talvez em termos jurídicos.

🐾 SIGNIFICADO INVERTIDO: Conflitos com outras pessoas indicam que você não consegue pensar com clareza. Aceite ajuda e seja positivo.

DOIS
de ESPADAS

TENSÃO • *STATUS QUO* • IMPASSE

Situação de equilíbrio precário. No momento, tudo pode parecer estável para quem vê de fora, mas esse equilíbrio não dura. Há recusa em tomar um lado ou outro. Rompimentos são inevitáveis, e é preciso encontrar soluções. Se seus instintos não estiverem claros, procure conselhos, possivelmente os de um terapeuta. A saúde pode ser prejudicada por fazer coisas em excesso pelos outros.

🐾 SIGNIFICADO INVERTIDO: Acontecimentos mudam depressa, o que é desconcertante. Evite fazer promessas que o comprometam.

TRÊS
de ESPADAS

TRISTEZA • REJEIÇÃO • SEPARAÇÃO

Uma carta dolorosa, que pode indicar rompimento de relações ou uma separação judicial – animosidade e palavras cruéis são prováveis. É um momento para expressar seu luto, para que a cura ocorra. As tramoias de uma terceira parte podem piorar um conflito; talvez um parceiro tenha sido infiel. Em última instância, a dor presente pode tornar você uma pessoa mais forte.

🐾 SIGNIFICADO INVERTIDO: Você passou pelo pior. O perdão é possível, mesmo que os acontecimentos não possam ser desfeitos.

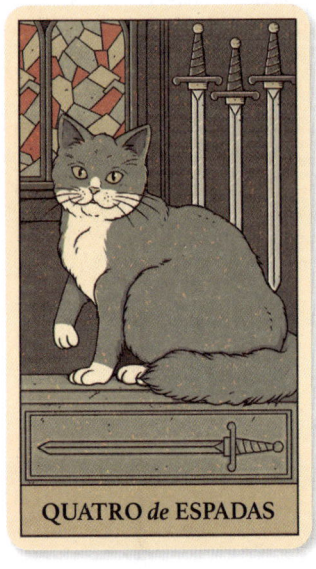

QUATRO
de ESPADAS

QUIETUDE • CONSOLIDAÇÃO • PAUSA

Esta carta indica estresse e ansiedade após um período de mudança. É irreal esperar progresso constante; é necessário estabilidade. Agora é preciso se recolher a fim de recarregar as energias, tomar nota do que já foi obtido e consolidar. Cuide da saúde e mantenha contato com familiares e velhos amigos.

🐾 SIGNIFICADO INVERTIDO: Exaustão extrema. Se não tomar cuidado, uma doença pode se tornar crônica. Conselhos de aliados próximos foram ignorados. Concentre-se na recuperação.

CINCO
de ESPADAS

SOBRECARGA · RESTRIÇÃO · AFASTAMENTO

Esta carta indica envolvimento num conflito que resultou em uma perda para você. O Cinco tem a ver com rompimento, e aqui – no naipe da mente – a disputa foi gerada por uma noção inflada de valor ou habilidades. Talvez haja uma disputa atual de poder ou uma tarefa pesada demais foi empreendida.

🐾 SIGNIFICADO INVERTIDO: A derrota o fez se sentir ferido e ansioso. Pessimismo ou pensamento negativo.

SEIS
de ESPADAS

PROGRESSO · VIAGEM · SOLUÇÃO

Esta carta implica movimento – uma jornada física, mudança de atitude mental ou superação de um obstáculo. A mudança vem após um período tumultuoso; você chegou a um lugar mais calmo, embora talvez não muito feliz.

O Seis de Espadas pode indicar um visitante do exterior, uma perspectiva útil de um conselheiro ou a expressão de uma ideia não convencional.

🐾 SIGNIFICADO INVERTIDO: Uma ideia desafiadora demais para ser aceita. Frustração ou bloqueios. Atrasos em uma viagem.

SETE
de ESPADAS

DIPLOMACIA • TATO • OBSERVAÇÃO

Saiba que uma abordagem direta vai falhar – é necessário apresentar ideias com tato e jogo de cintura, ainda que isso soe falso. Dinâmicas de grupo não são produtivas, porque você está em conflito com a opinião predominante; por ora, dê um passo para trás e observe de perto a oposição antes de considerar a melhor opção para atingir seus objetivos.

🐾 SIGNIFICADO INVERTIDO: Isolamento. Você pode estar tentando manipular ou fazer os outros chegarem a um acordo. Mesmo que você atinja seu objetivo, haverá consequências negativas.

OITO
de ESPADAS

ESCOLHAS DIFÍCEIS • DILEMA • SENSAÇÃO DE APRISIONAMENTO

É preciso fazer uma escolha, mas cada opção envolve alguma dificuldade. Em geral, a situação é consequência de não conseguir agir por medo ou uma noção inadequada de lealdade. Pode ser que um relacionamento tenha chegado ao fim, mas esteja "balançando" porque você tem medo de ficar só. O Oito é um lembrete de que você é livre para agir, mas é preciso austeridade e honestidade.

🐾 SIGNIFICADO INVERTIDO: Você está paralisado pela indecisão ou preso numa situação desconfortável. Autoisolamento.

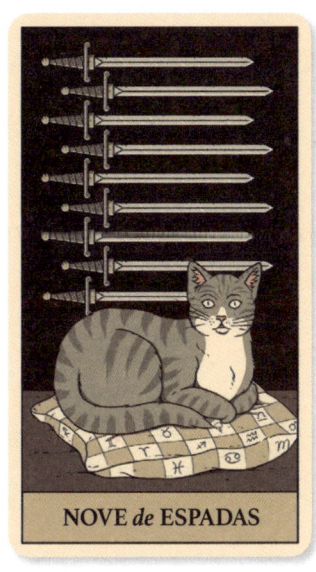

NOVE
de ESPADAS

LUTO • NEGATIVIDADE • CONSEQUÊNCIAS

Esta carta indica uma percepção desagradável de que suas escolhas resultaram numa situação dolorosa. O Nove pode significar ansiedade e falta de esperança, talvez uma doença que pode estar relacionada a atitudes passadas. Ou, talvez, o luto consequente à ruptura de um relacionamento importante devido à morte, traição ou separação.

🐾 SIGNIFICADO INVERTIDO: Uma sensação de impotência leva à repressão de emoções complicadas, mas é preciso liberá-las para a cura começar.

DEZ
de ESPADAS

PONTO DE QUEDA • DESESPERO • DESOLAÇÃO

Uma carta de lições difíceis. Ela representa o momento em que você sente não ser possível chegar mais baixo ou suportar mais. Mas, quando se chega ao fundo do poço, sempre há esperança, e o único caminho é para cima. Às vezes, nossos momentos mais sombrios são nossos melhores professores. Este pode ser o momento em que você aprende a lição mais importante de sua vida.

🐾 SIGNIFICADO INVERTIDO: Uma reviravolta do destino está a caminho, mas é preciso muito trabalho. Uma rixa pode ser sanada.

VALETE
de ESPADAS

COMUNICAÇÃO • IDEIAS • ENTUSIASMO

Crianças são exploradoras natas; elas buscam perceber o mundo e questionam o que presenciam. Essa é a natureza curiosa incorporada no Valete.

Esta carta pode representar uma pessoa de verdade ou indicar vontade de estudar, aprender ou tomar um novo rumo. Mensagens trazem notícias surpreendentes, ou segredos podem ser revelados.

SIGNIFICADO INVERTIDO: Uma juventude volúvel e inconstante causa atritos. Fofocas ou brigas bobas. Tome cuidado.

CAVALEIRO
de ESPADAS

AÇÃO • DETERMINAÇÃO • MUDANÇA

O Cavaleiro de Espadas usa de inteligência afiada para vencer discussões e forçar mudanças. Ele é intrépido e se move com rapidez, indicando seu lado que deseja pôr a mão na massa. Representa uma pessoa dinâmica cujas ideias novas ampliam seus horizontes.

A carta também indica o impulso de agitar as coisas, viajar e ter sucesso.

SIGNIFICADO INVERTIDO: Uma pessoa impaciente leva vantagem ou reivindica o crédito por ideias que não são suas. Decisões arriscadas.

RAINHA
de ESPADAS

SABEDORIA • CONSELHEIRA • TOMADORA DE DECISÕES

A Rainha de Espadas indica uma pessoa sagaz e bem-sucedida, leal e de ideais elevados. Esta é a carta da viúva, e pode apontar alguém que perdeu um(a) parceiro(a) ou se concentrou no trabalho em detrimento do amor e da amizade.

Esta carta pode representar alguém que auxilia sua carreira, ou pode desafiar você a trazer para si mesmo as qualidades assertivas da Rainha.

🐾 SIGNIFICADO INVERTIDO: Uma pessoa amarga por conta de uma dor significativa; cuidado ao confiar nessa pessoa ou ao depender dela.

REI
de ESPADAS

LÓGICA • CLARIVIDÊNCIA • INTELECTO

Uma pessoa autoritária que pensa com clareza, estratégia e um forte senso de moralidade pode entrar na sua vida. Esta carta também pode representar sua própria necessidade de planejar e agir com lógica para manifestar mudanças ou levar vantagem.

O Rei de Espadas também pode indicar decisões judiciais, planos sólidos de negócios ou bons conselhos de um mentor.

🐾 SIGNIFICADO INVERTIDO: Uma pessoa extremamente crítica, que pode fazer julgamentos severos e, às vezes, ser abusiva. Falta de empatia.

OS ARCANOS MENORES
O NAIPE *de* COPAS

Este é o naipe do amor, das emoções e do coração. Equivale ao naipe do Coração em um baralho de cartas comum e está vinculado ao elemento Água – representando a fluidez de nossos sentimentos e as profundezas do subconsciente. Quando uma tiragem revela muitas cartas de copas, as questões estão centradas em pessoas e relacionamentos.

ÁS
de COPAS

FLUXO DE AMOR • CONEXÃO • SOCIABILIDADE

Como todos os ases, esta carta representa um novo começo. É mais uma carta de "ser" do que de "fazer", indicando o surgimento de uma emoção que é a prévia de um romance ou que anuncia uma nova etapa em um relacionamento; também pode sinalizar um período de socializações alegres ou manifestação de compaixão ou perdão.

Copas estão vinculadas ao lar, logo, pode haver boas notícias no ramo doméstico.

🐾 SIGNIFICADO INVERTIDO: Superficialidade ou autocentramento ameaçam uma relação. Decepção ou desilusão.

DOIS
de COPAS

CASAL • UNIÃO • ATRAÇÃO

A carta da parceria indica com frequência o início de um caso de amor, mas também pode significar uma amizade importante, o início de uma relação de negócios ou uma reconciliação consequente a um período de separação. Os dois parceiros se unem como iguais e em harmonia, respeitando as necessidades do outro numa união perfeitamente equilibrada.

🐾 SIGNIFICADO INVERTIDO: Discussões ou dificuldades no relacionamento envolvendo interesses opostos – um dos parceiros pode estar tentando dominar o outro. Rompimento ou divórcio.

TRÊS
de COPAS

CELEBRAÇÃO • COMUNIDADE • PLENITUDE

Algum resultado emocional foi obtido, evocando sensações de alegria extrema. Talvez um relacionamento tenha atingido um divisor de águas, uma criança tenha nascido ou agora você seja parte de um grupo em que se sente aceito e amado. Comemore e aproveite, mas lembre-se de que este é um ponto de parada em uma jornada mais longa.

A carta indica sensibilidade para com os outros e capacidade de doar.

SIGNIFICADO INVERTIDO: Necessidades individuais ficam subordinadas ao grupo. Você está hiperfocado em diversões e se esquece de se preparar para o futuro.

QUATRO
de COPAS

TÉDIO • DESCONTENTAMENTO • DECEPÇÃO

Um relacionamento não é mais satisfatório nem interessante, ou você está se sentindo deprimido e hiperfocado nas próprias emoções. É necessário que haja mudança, um vento favorável que dissipará o nevoeiro que se espalha. A boa notícia é que a negatividade atual pode ser o gatilho para um período de reavaliação que forçará uma nova direção.

SIGNIFICADO INVERTIDO: Tome cuidado com a apatia ou o excesso de autocentramento, a ponto de oportunidades e ofertas de ajuda serem perdidas.

CINCO
de COPAS

DIFICULDADES • ENCRUZILHADA • ARREPENDIMENTO

Uma carta difícil, que sugere que algo foi perdido ou um erro foi cometido. Você precisa se retratar e fazer os melhores reparos que puder.

Lições precisam ser aprendidas antes que possa seguir em frente. Você precisa abandonar os "poderia-ter-sido" e encarar a realidade do agora.

Não ignore sua voz interior e necessidades espirituais.

🐾 SIGNIFICADO INVERTIDO: Você está tendo dificuldades para aceitar uma perda. Atitudes de pessimismo e autopiedade são obstáculos ao progresso.

SEIS
de COPAS

REUNIÃO • RESTAURAÇÃO • NOSTALGIA

Os acontecimentos positivos indicados por esta carta vêm do passado – talvez uma antiga amizade esteja sendo retomada, um amor da adolescência tenha ressurgido ou você tenha voltado para sua cidade natal.

Esta carta também pode indicar o prazer em diversões infantis ou em passar um tempo com crianças.

🐾 SIGNIFICADO INVERTIDO: Cuidado com os desejos do passado ou em gastar energia com pessoas ou em atividades que não atendem mais às suas necessidades.

SETE
de COPAS

SONHO • TENTAÇÃO • POSSIBILIDADES

Este é um momento de múltiplas possibilidades – oportunidades estimulantes que podem trazer mais felicidade. Talvez um novo interesse amoroso esteja se revelando tentador ou haja projetos criativos ou novos caminhos espirituais a explorar. Mas qual direção tomar? Você precisa olhar para dentro, escolher com sabedoria e, em seguida, começar o trabalho necessário para atingir seu objetivo.

🐾 SIGNIFICADO INVERTIDO: Você está tentando fazer muitos malabarismos ou se envolver em ilusões; um objetivo desejado causará decepção.

OITO
de COPAS

DESAPEGO • TRANSIÇÃO • MUDANÇA DE DIREÇÃO

O Oito não é uma carta confortável. Elas implicam que você sabe que mudanças são necessárias, mas não tem muita certeza do que fazer para atingi-las. Um relacionamento ou uma amizade pode já ter dado o que tinha de dar, ou então necessidades alheias estão se revelando um fardo pesado demais. Talvez a melhor escolha seja se afastar, mesmo que isso signifique abrir mão do que se alcançou até agora.

🐾 SIGNIFICADO INVERTIDO: Dificuldades fazem parte dos relacionamentos; é preciso mais tempo antes de tomar uma decisão.

NOVE
de COPAS

**GANHOS MATERIAIS • DESEJOS
REALIZADOS • REALIZAÇÃO**

Uma carta feliz que indica que tudo está bem e um desejo há muito acalentado foi realizado. É um momento de generosidade e bem-estar; a saúde está boa, e você tem uma sensação de tranquilidade e plenitude. Aproveite as dádivas com que você foi abençoado e se atente para continuar agradecido.

🐾 SIGNIFICADO INVERTIDO: Contentamento e abundância podem descambar para indulgência e ganância; tenha noção de comedimento. Evite ostentar uma boa sorte.

DEZ
de COPAS

HARMONIA • AMOR E FAMÍLIA • ESTABILIDADE

Esta carta marca o "felizes para sempre" e um período em que tudo está bem, e o amor, a paz e a harmonia reinam. Todos trabalham em conjunto e ninguém fica de fora. Estabilidade duradoura e comprometimento sincero foram alcançados.

Um sinal de casamento, aumento da família ou o início de um relacionamento importante.

🐾 SIGNIFICADO INVERTIDO: Uma traição ou uma disputa ameaça a felicidade da família, do grupo ou da parceria.

VALETE
de COPAS

INSPIRAÇÃO · RENOVAÇÃO · CURA

O Valete de Copas indica a relevância de uma pessoa jovem, emotiva, ingênua e idealista em sua vida, ou pode implicar que seu próprio espírito livre precisa ser alimentado. Talvez você tenha readquirido a capacidade de confiar depois de o terem magoado ou esteja aproveitando as emoções de um romance. Sonhos podem proporcionar *insights* valiosos ou boas notícias.

🐾 SIGNIFICADO INVERTIDO: Você pode estar ignorando seus sonhos por medo de se magoar. Tenha coragem.

CAVALEIRO
de COPAS

PAIXÃO · EMPOLGAÇÃO · RENDIÇÃO

Cavaleiros em suas montarias tendem a trazer mudanças, e esta carta representa o primeiro arroubo de romance. Ela pode representar você ou um(a) parceiro(a), ou a paixão inebriante e meio displicente de que às vezes precisamos para extrair o melhor de nossa vida criativa e emocional. A carta também pode significar uma proposta ou um convite.

🐾 SIGNIFICADO INVERTIDO: Uma paixão ou um interesse avassalador está causando danos; uma pessoa carismática tem duas caras.

RAINHA de COPAS

REI de COPAS

RAINHA
de COPAS

INTELIGÊNCIA EMOCIONAL • DEVOÇÃO

A Rainha de Copas é uma pessoa atraente, agradável e sensível. Quando esta carta aparece, pode indicar que alguém assim desempenha um papel importante na sua vida, ou pode sugerir a necessidade de explorar sua vida interior e abraçar suas verdades emocionais mais profundas. Esta carta significa o amor incondicional de uma mãe, e talvez a necessidade de maior autoaceitação ou liberdade artística.

SIGNIFICADO INVERTIDO: Uma pessoa que você admira não dá o apoio necessário; o autocentramento alheio é nocivo.

REI
de COPAS

SEGURANÇA EMOCIONAL • MENTOR • APOIO

Uma pessoa amável que dá atenção positiva e o apoio incondicional que lhe permite florescer emocional ou criativamente – um conselheiro, um mentor espiritual ou um patrono das artes, por exemplo. Esta carta também pode indicar que você precisa descobrir essas qualidades dentro de si a fim de ter confiança para cumprir seu destino.

SIGNIFICADO INVERTIDO: Alguém incapaz de confiar e, portanto, busca controlar e dominar os outros. Seja seu próprio vigia contra a hipocrisia ou a falsidade.

ABRA SUA MENTE

E AS RESPOSTAS IRÃO AO SEU ENCONTRO.